Liderando a
Transformação Lean nas Empresas

K1   Koenigsaecker, George.
       Liderando a transformação lean nas empresas / George
Koenigsaecker ; tradução: Raul Rubenich ; revisão técnica:
Altair Flamarion Klippel ; coordenação e supervisão: José
Antonio Valle Antunes Jr. – Porto Alegre : Bookman, 2011.
       167 p. : il. ; 23 cm.

       ISBN 978-85-7780-815-1

       1. Administração – Modelo Toyota. 2. Lean. I. Fujimoto,
Takahiro. II. Título.

CDU 658.5

Catalogação na publicação: Ana Paula M. Magnus – CRB 10/2052

George Koenigsaecker

Liderando a Transformação Lean nas Empresas

Tradução:
Raul Rubenich

Revisão técnica:
Altair Flamarion Klippel
Doutor em Engenharia pelo PPGEM/UFRGS

Coordenação e supervisão:
José Antonio Valle Antunes Jr.
Doutor em Administração de Empresas pelo PPGA/UFRGS
Professor do Mestrado e Doutorado em Administração da UNISINOS

bookman

2011

Obra originalmente publicada sob o título *Leading the Lean Enterprise Transformation*
ISBN 978 1 56327-382-7
Copyright © 2009 by Taylor & Francis Group, LLC. Authorized translation from English language edition published by Productivity Press, part of Taylor & Francis Group, LLC.

Capa
Rogério Grilho (arte sobre capa original)

Preparação de originais
Sandro Andretta

Editora sênior
Arysinha Jacques Affonso

Editora responsável por esta obra
Júlia Angst Coelho

Projeto e editoração
Armazém Digital® Editoração Eletrônica – Roberto Carlos Moreira Vieira

Reservados todos os direitos de publicação, em língua portuguesa, à
ARTMED® EDITORA S.A. (Bookman® Companhia Editora
é uma divisão da Artmed® Editora S.A.)

Av. Jerônimo de Ornelas, 670 – Santana
90040-340 Porto Alegre RS
Fone: (51) 3027-7000 Fax: (51) 3027-7070

É proibida a duplicação ou reprodução deste volume, no todo ou em parte, sob quaisquer formas ou por quaisquer meios (eletrônico, mecânico, gravação, fotocópia, distribuição na Web e outros), sem permissão expressa da Editora.

SÃO PAULO
Av. Embaixador Macedo de Soares, 10.735 – Pavilhão 5
Cond. Espace Center – Vila Anastácio
05095-035 – São Paulo – SP
Fone: (11) 3665-1100 Fax: (11) 3667-1333

SAC 0800 703-3444

IMPRESSO NO BRASIL
PRINTED IN BRAZIL

O AUTOR

George Koenigsaecker figura entre os principais investidores de várias empresas *lean*. É membro da comissão de avaliação do Prêmio Shingo (o reconhecimento internacional para empresas *lean*), da Association of Manufacturing Excellence, do ThedaCare Center for Healthcare Value, da Ariens Outdoor Power Equipment, da Baird Capital Partners, da Simpler Consulting (da qual também é vice-presidente executivo), da Watlow Electric Corporation e da Xaloy Incorporated.

De 1992 a 1999, Koenigsaecker comandou a transformação *lean* da HON Company, uma fabricante de móveis de escritório avaliada em US$ 1,5 bilhão. Durante esse período, seus esforços levaram à triplicação do volume e culminaram com a indicação da HON Industries, pela revista *Industry Week*, como uma das "100 Empresas Mais Bem Administradas do Mundo".

Antes disso, Koenigsaecker trabalhou na Danaher Corporation, onde foi presidente da Jacobs Vehicle Equipment Company (cuja transformação *lean* é detalhada no livro *Lean Thinking*, de Jim Womack e Dan Jones) e da Tool Group, então a maior unidade de negócios da Danaher. Além de comandar a transformação *lean* dessas operações, Koenigsaecker desenvolveu e implantou o Danaher Business System, um abrangente modelo de gestão *lean*.

Koenigsaecker também exerceu funções na cúpula executiva de finanças, marketing e operações da Rockwell International e da Deere & Company.

O autor é graduado pela Harvard Business School.

AGRADECIMENTOS

Minha jornada no aprendizado *lean* continua, e tem por base o trabalho de muitas pessoas. Inicialmente, devo reconhecer os profissionais da Toyota, que cuidadosamente desenvolveram as melhores práticas do mundo, agregaram melhorias próprias únicas, e construíram um disciplinado sistema de gestão que é o parâmetro de como liderar uma empresa. Todos aqueles que começaram esse trabalho na Toyota, em especial Taiichi Ohno, que sistematizaram grande parte dele, diriam ao leitor que o modelo Toyota tem como base os fundamentos representados pelos ensinamentos de Henry Ford e W. Edwards Deming, daqueles que desenvolveram nossos métodos de treinamento durante a Segunda Guerra Mundial, e de muitos outros. Embora isso seja verdadeiro, os *insights* exclusivos da Toyota e a capacidade da companhia de criar uma cultura que sustenta este sistema de aprendizado corporativo são realmente fantásticos.

Devo agradecer a Frank Petroshus, da Rockwell Automotive, que apoiou o projeto de aprendizado global que me lançou neste caminho. A Steve e Mitch Rales, que compraram uma companhia e me deixaram fazer experiências com ela. E aos meus principais *sensei*,[*] três membros do Grupo Autônomo de Estudos de Ohno, que me ensinaram os fundamentos das ferramentas e dos sistemas do Toyota Business System (TBS): Yoshiki Iwata, Chihiro Nakao e Akira Takenaka.

Talvez mais importantes ainda sejam todos os meus colegas na Danaher e na HNI/HON, que sofreram com meus projetos para entender e liderar neste novo mundo *lean*. Tenho de agradecer igualmente à Simpler Consulting LP, por me proporcionar um mecanismo indispensável para demonstrar que, com uma sólida fundamentação nos princípios *lean*, um sistema de gestão *lean* pode ser aplicado com sucesso em qualquer ambiente de trabalho – da assistência à saúde e outras indústrias de serviços às forças armadas.

---

[*] N. de R.T. Termo empregado no Japão para referir-se a pessoas com altos níveis de conhecimento (professores, doutores, etc.).

Gostaria de agradecer também a três grandes editores que trabalharam comigo neste livro: Terry Rousch (Simpler Consulting), Michael Sinocchi (editor sênior de aquisições na Taylor & Francis /Productivity Press) e Tere Stouffer (editora *freelance* de desenvolvimento).

Naturalmente, devo agradecer à minha esposa, Charlotte, e aos nossos filhos – Danaka, Brooke e Derek –, que sofreram com minhas prolongadas ausências durante minha jornada de aprendizado. Nada do que aqui está teria sido possível sem vocês.

APRESENTAÇÃO À EDIÇÃO BRASILEIRA

Os princípios, os conceitos, os métodos e as ferramentas desenvolvidos pela Toyota Motor Company durante a construção do Sistema Toyota de Produção (também conhecido como Sistema de Produção Enxuta, *Lean Manufacturing* e *Just-in-time*) propiciaram a quebra de paradigmas consagrados na administração da produção hegemônica até a década de 1970. Muitos desses aspectos já foram amplamente divulgados em obras consagradas mundialmente, várias das quais já traduzidas para o português.

Um ponto relevante a considerar, porém, é que não basta apenas conhecer e estudar tais princípios, conceitos e ferramentas de forma meramente conceitual. É necessário saber como implantá-los, com vistas ao desenvolvimento e consolidação de uma cultura *lean* no mundo real das organizações. É essencial que esta "cultura" seja estabelecida no intuito de assegurar o desenvolvimento de práticas sistemáticas de melhorias contínuas na empresa. Nesse sentido, é necessário desenvolver um sistema de gestão, com foco nos sistemas de produção enxutos, que permita caminhar nessa direção.

O livro *Liderando a Transformação Lean nas Empresas* preenche essa lacuna. Seu autor, George Koenigsaecker, com mais de 30 anos de experiência na implantação da cultura *lean* em empresas americanas, transmite nesta obra toda a experiência acumulada no período e que o levou ao desenvolvimento de um sistema de gestão para a obtenção de significativos resultados econômico-financeiros nas empresas nas quais atuou. O tema central a considerar é a necessidade da transformação da cultura organizacional com a implantação e sedimentação dos princípios, dos conceitos e das ferramentas *lean*. O foco desta obra é, portanto, o sistema de gestão proposto pelo autor.

Neste sistema merece destaque a utilização da ferramenta *kaizen*, que se constitui mais em uma filosofia do que propriamente em uma ferramenta *lean*, por tratar-se de um comportamento cultural necessário aos diversos níveis da estrutura organizacional com vistas à sedimentação da cultura *lean*. Ao longo de toda a obra, o autor propõe a realização de "eventos *kaizen* de uma semana", fundamentais para que a empresa realize uma transformação *lean* contínua e sistemática.

Esta obra está basicamente organizada da seguinte forma:

Na *Introdução* é apresentado o seu conteúdo, construído numa ordem cronológica para a transformação *lean* em uma empresa, de acordo com a experiência vivenciada pelo autor. São apresentadas, também, algumas ferramentas *lean*.

No *Capítulo 1 – Minha jornada no aprendizado lean: onze transformações corporativas,* o autor faz uma breve retrospectiva sobre sua atuação na construção da cultura *lean* em algumas empresas nas quais atuou como presidente ou presidente do Conselho, apresentando os resultados obtidos nas mesmas.

No *Capítulo 2 – O que é lean?*, além de uma breve discussão a respeito do conceito do que vem a ser *lean*, são apresentados os sete desperdícios (perdas) sugeridos pelos autores seminais do Sistema Toyota de Produção.

No *Capítulo 3 – A Avaliação pode ser fácil,* são discutidos os indicadores de desempenho ou métricas do "Norte Verdadeiro". Esta denominação é dada pela Toyota para caracterizar uma visão de longo prazo com o objetivo de atingir uma condição de produção ideal: fabricar produtos com a qualidade mais elevada, no custo mais baixo e com o tempo de execução mais curto.

No *Capítulo 4 – Os eventos kaizen possibilitam atingir os resultados previstos pelos planos de ação de melhoria elaborados a partir da análise e do fluxo de valor,* o autor explica a utilização da análise do fluxo de valor como suporte às métricas do "Norte Verdadeiro". É discutida, também, a estruturação de eventos *kaizen* com vistas à realização de melhorias do fluxo de valor dos processos.

No *Capítulo 5 – Práticas organizacionais táticas,* como o próprio título indica, são discutidas algumas práticas para a transformação *lean* nas empresas. São tratados temas como o estabelecimento de um ritmo de implantação de melhorias nos processos e a definição de um grupo de suporte à realização destas melhorias, bem como a realocação de pessoas.

No *Capítulo 6 – Práticas organizacionais estratégicas,* é discutida uma forma de gestão a partir do desenvolvimento de uma estrutura corporativa de realização e revisão com o objetivo de sustentar a transformação *lean* na empresa, por meio de ferramentas de liderança também apresentadas neste capítulo.

Finalmente, o Capítulo 7 tem como tema *Construindo uma cultura* lean.

Liderando a Transformação Lean nas Empresas é um livro extremamente útil para todos aqueles interessados na implantação de melhorias contínuas visando otimizar o desempenho econômico-financeiro das empresas, independentemente do segmento industrial ou da área de projetos e de prestação de serviços em que atuam. Desejamos a todos uma ótima leitura.

José Antonio Valle Antunes Júnior (Junico Antunes)
Doutor em Administração de Empresas pelo PPGA/Ufrgs
Professor do Mestrado e Doutorado em Administração da Unisinos,
Sócio-diretor da Produttare Consultores Associados

Altair Flamarion Klippel
Doutor em Engenharia pelo PPGEMM/Ufrgs
Sócio-consultor da Produttare Consultores Associados

SUMÁRIO

Introdução 17

1. Minha Jornada no Aprendizado *Lean*: Onze Transformações Corporativas 49
Deere & Company 50
Rockwell International 51
Jake Brake (Danaher) 53
HON Company 55
Resumo 57

2. O Que é *Lean*? 58
O que a Toyota Faz 58
Dois Pilares 59
Identificando e Eliminando o Desperdício 59
Um Método de Identificação e Solução de Problemas 62
Resumo 63
Nota 64

3. A Avaliação Pode Ser Fácil 65
Entendendo as Avaliações Financeiras: Exemplos Pessoais 65
As Métricas do "Norte Verdadeiro" da Toyota 66
Quão "Alto" é Realmente Alto? 68
As Quatro Métricas do "Norte Verdadeiro" em Detalhes 74
    Melhoria da qualidade 74
    Melhoria da entrega/lead time/*fluxo* 76

Melhoria da relação custo/produtividade 79
    Compras externas 79
    Pessoas 80
    Desenvolvimento humano 82
Relacionando as Métricas do "Norte Verdadeiro"
com as Avaliações Financeiras 84
Resumo 86
Notas 86

4. Os Eventos *Kaizen* Possibilitam Atingir os Resultados Previstos Pelos Planos de Ação de Melhoria Elaborados a Partir da Análise do Fluxo de Valor 88

    Dar uma Caminhada para Realizar a AFV no Estado Atual 89
        AFV no estado atual e as métricas do Norte Verdadeiro 90
        Ajudando-o a localizar o desperdício 91
    Brainstorming para Criar um Fluxo de Valor no Estado Ideal 91
    Criar um Fluxo de Valor no Estado Futuro 93
        Metas de melhorias 94
        Plano de ação e responsabilidades 96
    A Regra dos 5X 98
    Um Fluxo de Valor Piloto 103
    O Poder dos Eventos *Kaizen* de uma Semana 106
    Resumo 111
    Notas 111

5. Práticas Organizacionais Táticas 112

    A Regra *n*/10 112
    Projetando Equipes de Melhorias 115
    Causa de Insucesso de Evento Principal 117
    A Diretriz dos 3% 118
    Equipes Administrativas 122
    Realocação de Pessoal 124
    Outros Treinamentos *Lean* 125
    Resumo 126

6. Práticas Organizacionais Estratégicas 127
   Para Entender a Gestão 127
   Imersão 128
   Equipe de Implantação 129
   Comunicação 132
      Simulação lean 132
      Estratégia de implantação 133
   Anticorpos 135
   Lean ao Longo dos Anos 138
      Ano 1 138
      Ano 2 139
      Ano 3 139
      Ano 4 139
   Resumo 140

7. Construindo uma Cultura *Lean* 141
   Definindo Cultura 142
   Os Fundamentos da Cultura Toyota/*Lean* 143
      Sirva o cliente 144
      Busque o que é certo, não importa o que for 145
      Decida com cuidado, implante com agilidade 145
      Admita as imperfeições com franqueza 146
      Fale honestamente e com profundo respeito 147
      Procure sempre ver e ouvir para aprender (Genchi Gembutsu) ... 147
      Enfrente desafios que façam sentido 148
      Seja um consultor e um modelo a ser seguido 148
   O Plano de Ação 149
      Transferindo experiência pessoal à sua equipe de líderes 150
      Melhorias diárias 151
      Desafiando sua equipe a adquirir conhecimento 152
   Resumo 154
   Nota do Autor 154
   Nota 155

Índice 157

INTRODUÇÃO

Meu envolvimento com tudo que diz respeito às variadas formas do pensamento *lean* tem sido intenso nos últimos trinta e poucos anos. Ao longo desse período registrou-se, até certo ponto, grande progresso, à medida que a implementação *lean* avançou da produção automotiva de altos volumes para a produção em setores de baixo volume, não repetitiva, daí para processos administrativos e genéricos de suporte, e até mesmo para o desenvolvimento e desenho de produtos. Hoje, o conceito *lean* já avança no setor público, especialmente na área da defesa, e também se expande rapidamente na indústria da assistência à saúde.

Este livro tem seu foco nos ensinamentos aprendidos em meus 30 anos de estudo e aplicação do pensamento *lean*. Conto, em meu portfólio, com 11 corporações que encaminhei pela jornada *lean* quando era presidente ou presidente do Conselho nessas companhias. A maioria desses ensinamentos compreende os resultados de múltiplos experimentos de tentativa e erro, em que implantei uma variedade de práticas de liderança voltadas especialmente para a administração da mudança e a construção de uma nova cultura. Neste livro, serão abordados vários exemplos de clientes da Simpler Consulting, empresa que ajudei a fundar há mais de 10 anos. Optei por eles porque a Simpler tem uma profunda crença nos princípios *lean*, capacitando assim todo *sensei* a se expandir por novas indústrias, descobrir novas aplicações para o pensamento *lean* e demonstrar a efetividade dos seus princípios.

Com o tempo, tive a oportunidade de avaliar – tanto na função corporativa quanto como avaliador do Prêmio Shingo – mais de cem organizações que buscaram uma transformação *lean*. Muitos dos esforços na área *lean* que acompanhei constituem o que eu chamaria de insucessos – ou seja, não atingiram os resultados que algumas organizações que são o *benchmark* no setor mostraram ser possíveis e, talvez ainda mais importante, não demonstraram uma capacidade de transformar sua cultura em uma nova cultura voltada para o *lean* e em condições de dar sustentação a um ritmo acelerado de melhoria ao longo de múltiplas gerações de gestores.

Dito isso, cumpre esclarecer que o foco deste livro não está nas ferramentas ou nos princípios *lean*, já abordados extensivamente em outras obras. Pelo contrário, o foco aqui é quase inteiramente voltado aos aspectos da liderança de uma transformação lean. Até o momento, não foi possível constatar uma real existência de diretrizes com as quais os líderes se capacitem a construir e dar sustentação a um esforço de transformação lean em qualquer organização. E é isso que pretendo neste livro.

O QUE VOCÊ IRÁ ENCONTRAR NESTE LIVRO

Minha intenção é proporcionar a cada leitor um guia prático para a liderança eficiente de uma transformação lean em praticamente todo tipo de organização. Os capítulos estão organizados em uma sequência cronológica semelhante àquela que um líder encontraria ao empreender uma jornada lean:

- No Capítulo 1, faço um devaneio sobre minha experiência e história de 30 anos com a evolução da filosofia lean que tiveram como resultado as lições aprendidas e apresentadas no restante do livro.
- No Capítulo 2, apresento ao leitor várias formas de descrever o que é lean, a fim de proporcionar um entendimento comum da questão.
- No Capítulo 3, descrevo as métricas simples, mas poderosas, do Norte Verdadeiro*, usadas pela Toyota, e descrevo de que forma elas orientam cada item da declaração de rendimentos e do balanço patrimonial na "boa" direção.
- No Capítulo 4, explico o uso da análise do fluxo de valor no nível de liderança de uma forma que orienta as métricas do Norte Verdadeiro. Este capítulo também explica como estruturar eventos de sucesso de kaizen que incrementam o fluxo de valor.
- No Capítulo 5, discuto os passos da tática organizacional necessários para alcançar os progressos de dois dígitos nas métricas do Norte Verdadeiro de forma contínua. Eles incluem o ritmo da atividade de melhoria de processos que você deve manter e a estrutura de sustentação necessária para garantir esse ritmo de atividades.
- No Capítulo 6, examino o desenvolvimento de uma estrutura corporativa de realização e revisão que sustenta a transformação lean. Este capítulo também apresenta ferramentas de liderança como estratégias de desenvolvimento, análise de transformação do fluxo de valor, plano de assistência à transformação, e assim por diante.

---

*N. de R.T.: A Toyota denomina de "Norte Verdadeiro" a visão de longo prazo para atingir uma condição de produção ideal, que é a de fabricar produtos com a qualidade mais elevada, no custo mais baixo e com o tempo de execução mais curto.

- No Capítulo 7, discuto a construção de uma cultura *lean*, que é o aspecto menos entendido de uma transformação *lean*.

UM MANUAL DE ORIENTAÇÕES *LEAN*

Não é pretensão deste livro mostrar a melhor maneira de usar cada ferramenta *lean*; isso pode ser facilmente encontrado em outras obras disponíveis no mercado. Esta presente seção, no entanto, apresentará um manual básico de orientações sobre o que é *lean*. Mesmo que você já tenha algum conhecimento das ferramentas *lean*, será útil revisar esta seção, pois ela oferecerá um apanhado das ferramentas usadas no decorrer de uma transformação *lean*. Você também irá obter, aqui, uma valiosa perspectiva sobre como cada ferramenta é usada, quando deve ser usada, o que pode ser realizado, e como as ferramentas conduzem as métricas do Norte Verdadeiro.

Essas ferramentas estão organizadas em algumas categorias gerais: ferramentas de alta precisão para liderança executiva; ferramentas que melhoram a qualidade; ferramentas que constroem fluxo; ferramentas que melhoram o custo e a produtividade; ferramentas que dão suporte ao desenvolvimento de recursos humanos; e ferramentas que são usadas especificamente na área de desenvolvimento de produtos ou serviços. Quase todas essas ferramentas têm um impacto positivo nas quatro métricas do Norte Verdadeiro, por isso estão agrupadas sob as métricas em que tendem a ter um maior impacto direto. Como destacado, situar metas de aperfeiçoamento do Norte Verdadeiro na casa dos dois dígitos terá impacto positivo em cada item da linha da declaração de rendimentos e do balanço patrimonial.

Ferramentas de alta precisão para liderança executiva

Algumas ferramentas são orientadas para a perspectiva do nível empresarial do processo de transformação.

Análise do fluxo de valor da transformação

No Capítulo 3, analiso de que forma a análise do fluxo de valor pode ajudar uma organização a perceber excessos em seu trabalho, e até que ponto essa análise pode ajudar a construir um plano de ação para melhorias. Em acréscimo à análise do fluxo de valor, existe uma ferramenta chamada *análise da transformação do fluxo de valor* (TVSA, da denominação em inglês) que parte da visão da cúpula da organização (**ver Figura I.1**).

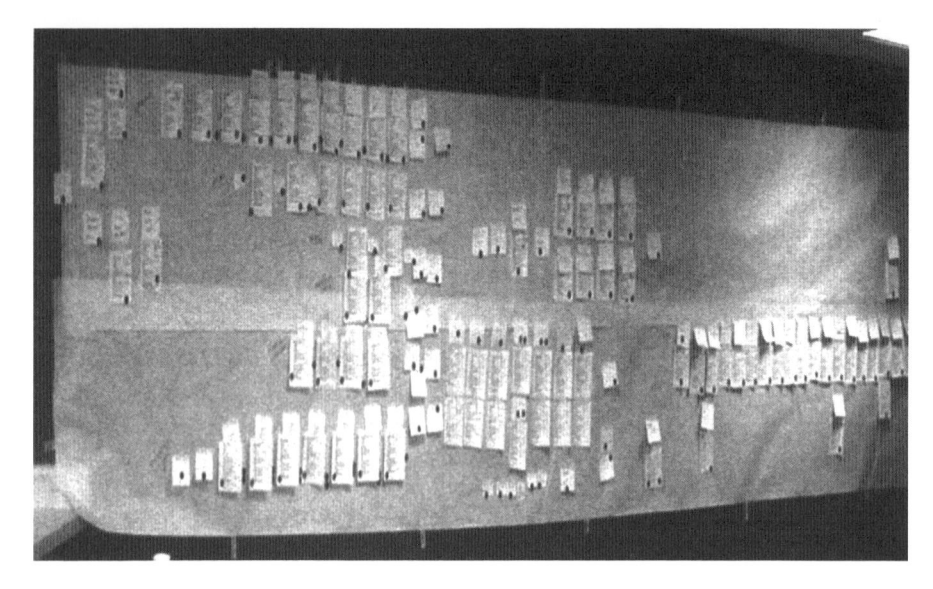

FIGURA 1.1
Exemplo de TVSA.

A TVSA analisa os principais fluxos de valor na cúpula da empresa, avalia seu desempenho a partir da visão dos múltiplos *stakeholders* na organização, e integra tudo isso no plano estratégico da organização. A TVSA capta o *insight* desenvolvido no plano estratégico e elabora, a partir disso, os objetivos da cadeia de valor da cúpula a respeito das necessidades estratégicas e da orientação do empreendimento. A TVSA também ajuda a equipe executiva a entender os tipos potenciais e o ritmo de melhorias que a prática *lean* pode aplicar em cada fluxo de valor e como essas melhorias se ajustam ao plano estratégico do empreendimento.

Você estará capacitado a escolher alguns dos principais fluxos de valor com que poderá iniciar sua transformação *lean*. Eles serão os fluxos de valor mais importantes para a orientação estratégica da empresa, e irão demonstrar a força das melhorias *lean* a todos os *stakeholders* do empreendimento.

Posicionamento da estratégia

A ferramenta do posicionamento estratégico também é conhecida como posicionamento de política e *hoshin kanri*, mas as diferenças basicamente se atêm ao nome (detalhes no Capítulo 6). Trata-se de uma metodologia que incorpora os objetivos de melhorias da corporação e os implanta em todo o seu conjunto, até chegar ao primeiro nível da força de trabalho em que você encontra a maioria dos passos de agregação de valor. O conceito básico é um fluxo constante de metas de um nível da liderança hierárquica para aquele imediatamente abaixo, em que os objetivos são transformados em planos de ação para melhoria do fluxo de valor. Esta parte é chamada, pelos japoneses, de *catchball*. Destina-se a constituir um intercâmbio de opiniões e conhecimentos sobre o projeto de melhoria entre dois níveis de liderança.

É natural que surjam as seguintes perguntas:

- Em quais fluxos de valor precisaremos trabalhar a fim de atingir os objetivos de melhoria do nível empresarial?
- Qual o ritmo de atividades que devemos planejar para alcançar esses objetivos?
- Como devemos nos organizar a fim de harmonizar o ritmo de atividades?
- Entendemos que esses objetivos podem ser concretizados?

No começo, o *catchball*, ou sincronização de metas, é difícil porque a cúpula executiva tipicamente não tem a experiência *lean* necessária para saber quais são os resultados verdadeiramente viáveis. Por tal motivo, esta ferramenta muitas vezes não é implantada antes do segundo ano de um projeto *lean*, depois que alguma experiência sobre o que é viável já se concretizou na empresa.

Os ciclos do processo fluem naturalmente em direção a cada nível de liderança. No final, no primeiro nível da organização, há um plano de ação para a realização de melhoria para cada fluxo de valor durante o ano. E então esses ciclos do processo são reavaliados pelos níveis de liderança superiores até confirmar os objetivos corporativos de melhoria e demonstrar que o plano irá realmente concretizá-los.

A fase de planejamento costuma ser feita uma vez por ano e constitui, em si mesma, uma experiência de aprendizado. Realiza-se, então, uma reunião mensal de posicionamento de estratégia para revisar os avanços concretizados (**ver Figura I.2**), as questões que surgiram para debate e as oportunidades de aprendizado compartilhado. Muitas empresas realizam uma reunião mensal para analisar o desenvolvimento voltado para o aspecto financeiro. Mesmo que a reunião defina os rumos da empresa, ela é fundamentalmente focada na variância de um projeto financeiro. O que a estratégia do posicionamento faz, no entanto, é criar um processo focado nas questões principais da melhoria da empresa e do aprendizado decorrente da experiência de aperfeiçoamento. O simples fato de se realizar uma revisão mensal da estratégia e do posicionamento ajuda a manter o pensamento da empresa no objetivo de melhorar seu desempenho a cada mês, ao contrário do foco da maioria das reuniões mensais de revisão, que é a manutenção do desempenho.

FIGURA I.2
Posicionamento da estratégia em ação.

O posicionamento da estratégia é um processo muito poderoso e parte fundamental daquilo que um líder realiza a fim de assegurar o progresso na transformação *lean*. Mas também é uma abordagem do tipo "aprender na prática", que pode ser um pouco difícil no primeiro ano, mas tende a melhorar bastante no segundo, e se tornar uma prática padrão já no terceiro ano.

A3

Outra ferramenta muito usada para desenvolver estratégia de negócios, bem como para solucionar problemas do dia a dia, é o relatório A3. Este é o nome de um formato internacional de papel. A Toyota desenvolveu uma abordagem da resolução de problemas que deve caber em uma folha A3. No mais típico (humilde) modelo Toyota de ser, a companhia não cogitou usar um nome fantasioso para essa solução, passando a referir-se a ela simplesmente pelo tamanho do papel. Existem algumas variações mínimas de formato, mas uma folha típica A3 seria semelhante à A3 dos nove boxes mostrados na **Figura I.3**.

O relatório A3 tem um formato que força o usuário a registrar todos os principais passos na análise de um problema, ou de uma ação. Seguindo-se os

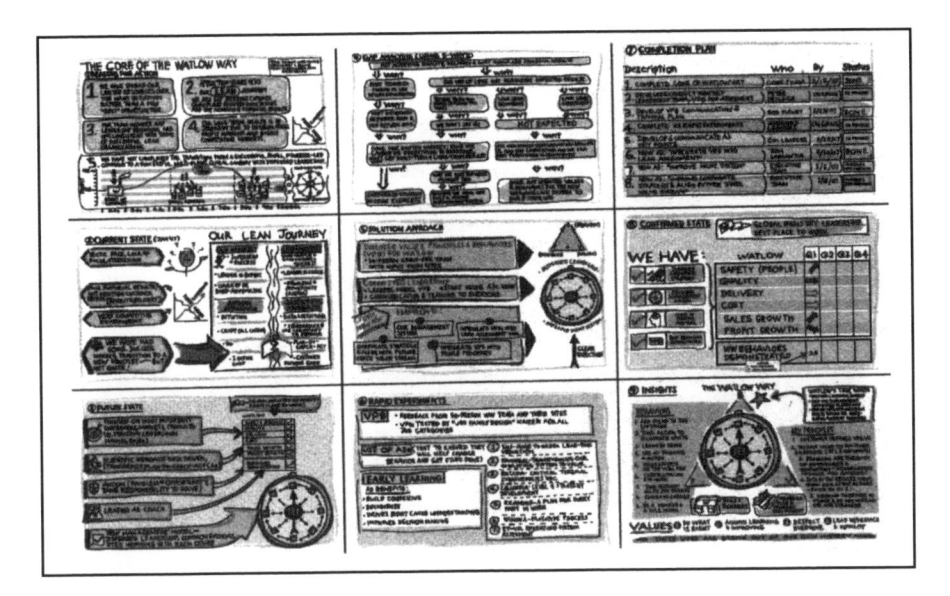

FIGURA I.3
TPOC da Watlow.

nove boxes de informação, consegue-se grande parte do entendimento do problema, determinam-se soluções alternativas, e se extraem ensinamentos do processo.

O relatório A3 é igualmente projetado para usar dados gráficos e desenhos a fim de ilustrar conceitos. É preciso bastante trabalho para apresentar um esboço que seja capaz de transmitir uma grande ideia. (Não sou muito bom com esse formato, mas sei que ele é poderoso.) Algumas pessoas não conseguem entender com facilidade aquilo que é expresso em palavras, e por isso certamente serão atraídas pela ideia do desenho com maior facilidade. E, para todos, o conceito de "palavras + desenho" torna a ideia muito mais clara e memorável.

No começo, um A3 pode parecer difícil de desenvolver. Até você começar a se dar conta de que, na verdade, ele evita um retrabalho gigantesco que resulta da implantação de ideias que não chegaram a ser suficientemente esclarecidas ao longo do processo. Você também começa a perceber que, depois que a organização se familiariza com o formato, o relatório A3 é uma ferramenta de comunicação muito eficiente. Isso justamente por causa da combinação de palavras e desenhos. O foco na abrangência de todos os aspectos principais de uma questão (os nove boxes) também faz parte dessa eficiência. E o fato de poder resumir toda a informação em uma folha de papel é outro aspecto que faz dessa uma ferramenta incrivelmente eficiente.

Ferramentas focadas prioritariamente em qualidade

O *kit* de ferramentas da qualidade constitui um *mix* interessante. Cerca da metade deste *kit* é representada por aquilo que você iria aprender com os conceitos da Gestão de Qualidade Total (TQM) ou Seis Sigma. E a outra metade é composta de algumas contribuições que são exclusivas da Toyota.

Os cinco porquês

Uma ferramenta com dupla origem – originalmente da TQM, mas depois levada a uma ordem de maior impacto na Toyota – é a de se perguntar cinco vezes **por quê**. O conceito básico consiste em que, se você perguntar por que cinco vezes, terá 95% de garantia de que o problema que está analisando é realmente uma causa-raiz, em vez de apenas um sintoma superficial. A partir de minha experiência pessoal, acredito que cerca de 90% de todos os problemas de qualidade podem ser resolvidos pelo simples método de reunir o grupo, no momento exato do incidente relativo à qualidade, e então perguntar cinco vezes "por quê?". (Depois que a equipe de trabalho fizer cinco vezes essa pergunta, você terá descoberto uma solução de causa básica de 90% de questões diárias de qualidade. Os 10% restantes dos problemas de qualidade tornam-se então progressivamente mais difíceis.)

Por mais simples e poderoso que esse método seja, ele ainda é pouco adotado. Passei grande parte de minha carreira tentando convencer as organizações a usarem esta prática diariamente, mas, de acordo com minhas estimativas, o máximo que já consegui foi um convencimento de 15%. Isso serve de base para um interessante dilema cultural: temos a ferramenta para análise e solução de problemas de qualidade mais eficiente e de mais fácil entendimento e aprendizado, mas mesmo assim é extremamente difícil convencer as pessoas a colocá-la em prática. Essa característica da implantação d'Os Cinco Porquês é, em muitos aspectos, típica do *lean*. É muito fácil entender Os Cinco Porquês (e ferramentas *lean* semelhantes), mas, ao mesmo tempo, é dificílimo transformá-los e consolidá-los em nosso dia a dia.

Sete ferramentas básicas da TQM

O passo seguinte costuma ser a aplicação do que a TQM chama de *sete ferramentas básicas*. São as ferramentas simples da qualidade, que incluem:

- Diagrama de causa e efeito (diagramas de espinha de peixe)
- Gráfico de fluxo (diagramas do fluxo dos processos)
- Gráfico de Pareto
- Gráfico linear

- Histograma
- Diagrama de dispersão
- Gráfico de controle

Essas ferramentas podem ajudar a resolver os 6, 7 ou 8% dos problemas de qualidade que sobrarem da solução d'Os Cinco Porquês. Uma lição que aprendi na prática foi a de usar a ferramenta mais simples/fácil para resolver um determinado problema e recorrer a uma mais complexa apenas quando necessário. À medida que um problema se torna mais difícil, você descobre que essas ferramentas têm seus limites, e que para os últimos 1 ou 2% dos problemas de qualidade você precisará de ferramentas mais avançadas, como o planejamento de experimentos (DOE) de Taguchi, para abordar um problema com inúmeras causas potenciais que estejam atuando simultaneamente.

A boa-nova é que, se você usou ferramentas eficientes logo de início, terá resolvido de vez a maioria dos seus problemas diários de causa-raiz, o que dará a você e à sua equipe a oportunidade de trabalhar apenas com as poucas questões realmente difíceis da qualidade. (Uso aqui a palavra "difíceis" com um pensamento específico. Não estou dizendo que sejam "caras".) Você poderia, hipoteticamente, reduzir custos resolvendo problemas de qualidade com impacto sobre os mesmos – na verdade, muitos dos primeiros trabalhos de Seis Sigma focaram somente a solução de problemas com um impacto de mais de 250 mil dólares sobre os custos. Trata-se de uma boa maneira de reduzir custos, mas, dado que mais de 99% dos problemas de qualidade têm um impacto nos custos muito inferior à esse limite, a maioria dos seus problemas de qualidade permanece sem solução. Mas, para seguir o exemplo da Toyota, você não pode deixar problemas sem solução, mesmo quando entender que eles não terão um grande impacto sobre os custos. Você precisa se organizar para resolver todos esses problemas também.

Poka-Yoke

A Toyota possui uma variedade de ferramentas de qualidade que são características de sua abordagem. Uma delas é a ideia do *poka-yoke*, ou "dispositivos a prova de erro". Trata-se de uma abordagem da retomada de passos individuais do processo para que nenhum deles seja feito de maneira incorreta. O *poka-yoke*, na verdade, elimina até mesmo a *possibilidade* de cometimento de erro,[*]

---

[*] N. de R.T: Os dispositivos *poka yoke* têm por objetivo impedir a ocorrência de defeitos, atuando diretamente na origem dos mesmos, ou seja, nas causas básicas. Essas causas básicas são normalmente erros (provocados por equipamentos ou pessoas) cujo efeito é a geração de defeitos. Os dispositivos *poka yoke* não impedem o erro (por exemplo, esquecimento), mas impedem que este erro se transforme em um defeito (por exemplo, a ignição de um carro não é acionada se o motorista esquecer de prender o cinto de segurança).

afastando-a por inteiro de qualquer processo. Um exemplo simples de *poka--yoke* pode ser encontrado no seu automóvel, em que a abertura do tanque de abastecimento é intencionalmente desenhada para permitir que somente o bocal de combustível sem chumbo caiba ali. Isso evita que se cometa o erro de colocar o bocal mais largo de diesel na abertura do tanque. A **Figura I.4** mostra alguns exemplos desse conceito. O *poka-yoke* precisa fazer parte de sua transformação geral, mas não é por ele que você vai começar com os ganhos de qualidade.

Observe que, sempre que você tiver implantado algum *poka-yoke* em sua empresa, mais ainda haverá para ser feito. Na HON/HNI, por exemplo, estávamos trabalhando para tanto e concretizando uma meta de 20% de melhoria de qualidade ao ano. Durante cerca de quatro anos, o esquema simples desenvolvido para isso funcionou. Nossos ganhos, porém, começaram a diminuir. Passamos então a utilizar a motivação do não atingimento das metas de melhoria da qualidade para orientar-nos a examinar as ferramentas da Toyota e avaliar a maneira pela qual as estávamos usando. Descobrimos que havíamos desenvolvido vários dispositivos *poka-yoke* – cada ponto das empresas poderia mostrar um ou dois desses dispositivos. Com isso, todos falavam como se realmente entendessem e acreditavam que "implantamos mesmo o *poka-yoke*". Mas quando examinamos o número de processos que havia sofrido um erro de qualidade no ano anterior, descobrimos que 99% deles não haviam sido submetidos ao

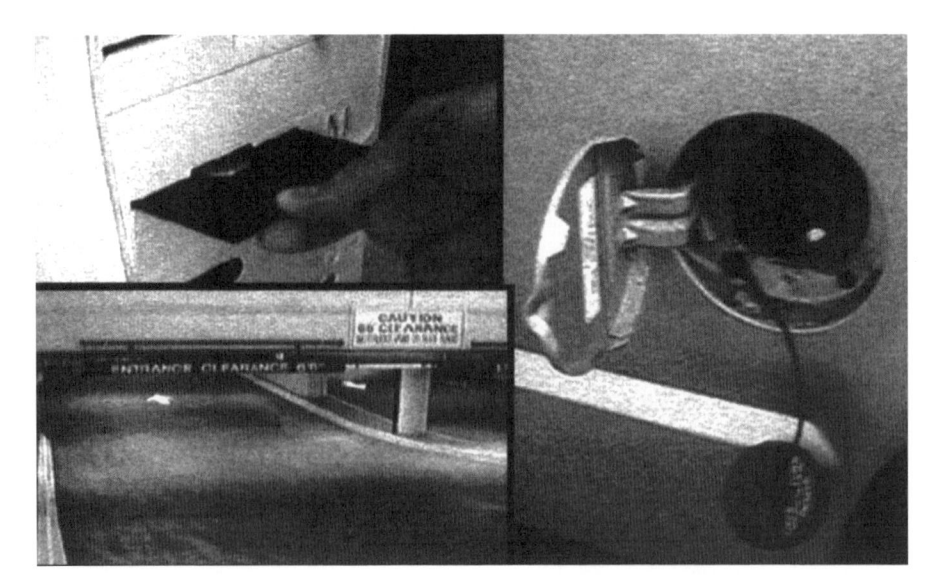

FIGURA I.4
Exemplos de *poka-yoke*.

poka-yoke. Isso nos proporcionou um foco para aquele ano. O simples fato de difundir o uso dessa ferramenta por toda a organização (processo às vezes chamado de *expansão horizontal*) nos deu o ganho de qualidade daquele ano. A lição de liderança é que, quando as pessoas começam a falar na linguagem *lean*, é bom verificar de perto até que ponto se difundem essas lições na prática – muitas vezes, o que você tem na empresa é apenas uma amostra da utilização, em vez de uma aplicação generalizada.

O dispositivo *poka-yoke* ideal é aquele implantado durante o desenvolvimento do produto. Se você conseguir fazer com que seus engenheiros projetem partes e componentes individuais de maneira que *não possam* ser manufaturados ou montados incorretamente, não terá necessidade de determinar mais adiante (com custo consideravelmente maior) como projetar dispositivos *poka-yokes* do processo.

Andon

Outra prática da Toyota é o uso do *andon*. Em japonês, um *andon* é uma lâmpada, ou um luminoso. A ideia é ter um sinal sempre que surgir uma questão potencial sobre qualidade. Nas áreas de trabalho da Toyota encontram-se cordas de *andon* que qualquer integrante da equipe pode puxar para acender uma luz que é visível para todos na área. Pode ser uma luz amarela, para sinalizar "acho que estou enfrentando um problema", ou uma luz vermelha, para indicar "tenho um problema de verdade, e preciso interromper o trabalho porque não vou passar adiante uma peça defeituosa". As lâmpadas do *andon* também costumam ter um acompanhamento sonoro que facilita aos líderes das equipes o conhecimento da existência de problemas.

Há uma tensão dinâmica nesta prática – qualquer integrante da equipe tem a obrigação de puxar a corda sempre que deparar com um problema. Ao mesmo tempo, o líder da equipe tem a obrigação total de dar início a um programa de análise e solução de problema da causa-raiz para garantir que a corda nunca mais venha a ser puxada em função daquele mesmo problema. Assim, o *andon* é não apenas uma forma de prevenir trabalhos com defeito, mas, também, uma maneira de conduzir à solução de problemas.

A norma da Toyota é manter controle do número de chamados de *andon* por turno. Se os integrantes das equipes conseguem diminuir o total de chamados, a Toyota apressa um pouco a linha, como uma forma de revelar o nível seguinte de desperdício. Como tantas outras práticas da Toyota que possuem várias dimensões, um nível de entendimento dos *andons* é que eles existem para evitar que os colaboradores passem adiante trabalho malfeito. Mas, em outro nível, os *andons* são uma ferramenta dinâmica de análise e solução de problemas de estresse, e, em um terceiro nível, constituem uma forma de dar visibilidade ao nível seguinte de desperdício, ao permitir que a linha seja acelerada. Exemplos específicos de *andon*, como aqueles encontrados na **Figura I.5**, retratam outros métodos usados para vários tipos de anormalidades dos processos. Eles variam de uma simples lâmpada a projetos eletrônicos mais avançados.

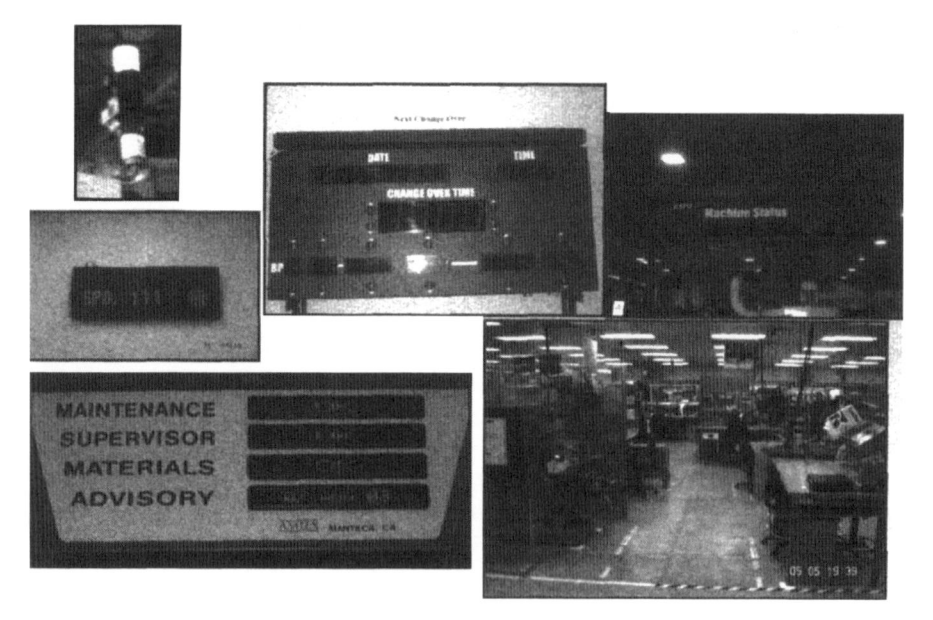

FIGURA I.5
Andon e plataformas eletrônicas de controle.

Controles de qualidade

Em nosso sexto ano de transformação na HNI/HON, voltamos a encontrar dificuldades para manter nossa meta de melhoria de qualidade no ritmo de 20%. Então, resolvemos adotar uma prática da Toyota desenvolvida por Shigeo Shingo, à qual ele se referia como *autocontroles* e *controles sucessivos*. A ideia desses dois controles de qualidade é fazer cada integrante da equipe efetuar controles de aspectos críticos do trabalho que lhe é atribuído antes de encaminhar o produto para o integrante seguinte na cadeia da equipe, que deverá realizar também alguns controles críticos do trabalho que lhe foi encaminhado pelo integrante da equipe imediatamente anterior. A **Figura I.6** mostra um exemplo de estações

FIGURA I.6
Estações de trabalho e plataformas visuais de controle de qualidade.

de trabalho com requerimentos específicos de controle de qualidade, claramente identificados e plenamente visíveis. Essa abordagem previne que alguém deixe de realizar de forma correta alguma etapa do trabalho padronizado (ver "Trabalho padronizado: a ferramenta que foca em custo e produtividade", mais adiante nesta Introdução).

No ano seguinte da nossa jornada na HNI/HON, constatamos a real necessidade de introduzir o *poka-yoke* para nos levar ao nível mais avançado. Concluímos que o mais perfeito dos mecanismos à prova de erro era aquele projetado no produto. Com isso, demos início a uma revisão mensal de qualidade em todas as linhas de produtos, e a seguir passamos a realizar mudanças no projeto do produto que não permitiriam a reprodução desse erro. Os engenheiros não se mostraram muito entusiasmados, pois pensavam que haviam concluído tudo com os projetos. Mas esse empenho nos levou a descobrir que, uma vez focando mudanças de projeto para atingir produtos à prova de erro, mais de 80% de nossas questões de qualidade poderiam ser eliminadas do produto, e esse foco nos levou a mais anos de concretização dos nossos objetivos de melhoria da qualidade.

Ferramentas focadas no fluxo e *lead time**

Em muitas das empresas com as quais trabalhei, constatei que subestimávamos o valor, para os clientes, de *lead times* mais rápidos. A maioria das implantações do modo *lean* foca o fluxo como forma de reduzir o tempo de estoque, mas os ganhos realmente consideráveis se encontram na possibilidade de incrementar seu ritmo de crescimento em até 2 a 4 vezes pela redução dos *lead times* em 75% em todas as interfaces com o cliente que envolvam processos/produtos.

Dentre todas as grandes mudanças na história da manufatura, o sistema de linha de montagem da Ford foi uma das maiores transformações. Taiichi Ohno, um dos principais responsáveis pela criação do Sistema Toyota de Produção, costumava dizer que aprendera muito com os métodos da Ford. Tal declaração não esconde sua modéstia, mas não deixa de ser verdadeira, porque Ford criou um sistema capaz de fabricar um automóvel – desde o minério de ferro até o revendedor – em apenas três dias. Um fluxo e tanto! Porém, todos sabemos as limitações do método no que diz respeito à variedade: "Qualquer cor, desde que seja o preto".

Tempos de Setup

Uma contribuição central da Toyota e de Shigeo Shingo foi a ideia de reduzir o tempo de *setup*. A maioria das máquinas (e, paralelamente, muitos processos intelectuais) tem um tempo de *setup* – um tempo durante o qual o posto de trabalho é preparado para um produto ou serviço diferente. Esse tempo de *setup* é a causa principal dos lotes na produção; em administração, os departamentos funcionam como silos fisicamente separados que se conectam unicamente através de uma sala de correspondência, criando assim lotes de fluxos de informação. Uma descoberta pioneira foi a de que os tempos de *setup*, tidos até então como somas fixas de tempo para uma determinada máquina, não eram em absoluto fixos. Eles poderiam, na verdade, ser reduzidos.

Shigeo Shingo estudou os tempos de *setup* e descobriu que poderiam ser reduzidos em todos os tipos de equipamentos. Assim, ele desenvolveu uma prática padronizada (geralmente referida como SMED** – troca de matrizes em menos de um dígito (inferior a 10 minutos), sendo a matriz uma parte crucial das prensas que eram comuns na Toyota) a fim de reduzir os tempos de *setup*.

---

* N. de R.T.: *Lead time* na manufatura corresponde ao tempo de atravessamento para a produção de um item, a partir da utilização da matéria-prima até a expedição do produto acabado.
** N. de R.T.: A sigla SMED é traduzida no português para TRF – Troca Rápida de Ferramentas.

Ao reformular, na HON/HNI, o negócio de equipamentos de escritório a partir de *lead times* mais curtos, usamos essa abordagem para reduzir os tempos de *setup* na proporção suficiente para criar tamanhos menores de lotes e, assim, acelerar o fluxo. Constatamos que, cada vez que você estuda um *setup*, pode reduzi-lo em 50% ou mais. Isso mesmo: quando você volta ao assunto um mês mais tarde, com certeza descobre um novo desperdício e novas áreas para melhorias – e assim, com estudo, pode reduzir esse desperdício em outros 50% ou mais. Usando esse conhecimento, estabelecemos um programa para reduzir o *setup* de cada máquina em 50% a cada ano, durante cinco anos consecutivos. E, ao final de cada ano, reduzimos o tamanho de nosso lote ou *lead time* à metade. No final desse período, havíamos reduzido os tempos de *setup* em cerca de 95% e havíamos igualmente reduzido os *lead times* internos em 95% (avançamos de contêineres mensais de produtos para contêineres diários). Começamos com um tempo de ciclo de um mês, no ano seguinte já era de duas semanas, no terceiro ano estava em uma semana, no quarto ano chegava a dois dias e meio, e no quinto ano esse tempo era de um dia.

Kanban

Outra ferramenta de fluxo é o cartão *kanban*. A maioria das pessoas que trabalham nessa área está acostumada com a ideia de usar cartões de *kanban* para controle de movimentos. No entanto, há algumas questões de liderança a serem consideradas. Uma delas consiste em que o simples fato de implantar um *kanban* não irá, por si só, aumentar a produtividade; além disso, os *kanbans* precisam de manutenção – portanto, não implante um sistema *kanban* enquanto não tiver constatado que é possível ligar os processos sem cartões. A **Figura I.7** apresenta um exemplo de um *kanban* de farmácia (sistema de puxar) para medicamentos que precisam ser repostos antes que o próximo ciclo de demanda tenha início.

Os *kanbans* são normalmente necessários quando se trabalha com um equipamento de grandes dimensões, pelo qual transitam muitas linhas de produtos. É preciso implantar um *kanban* para controlar o fluxo nesse equipamento. Tenha sempre em mente, porém, que os *kanbans* são, pela própria natureza, uma forma de desperdício – eles não agregam valor diretamente (há muita gente que montou todos os tipos de *kanbans* e depois ficou especulando por que eles não se tornaram mais produtivos) e representam um continuado custo de manutenção. No longo prazo, o objetivo é começar a projetar e construir, ou comprar, equipamentos flexíveis que tenham a capacidade de dar suporte a fluxos individuais de linhas de produtos, em vez de continuar mantendo esses grandes equipamentos. Os fabricantes dos dispositivos, no entanto, são resistentes – eles têm profundamente enraizada a ideia de que se uma máquina de tamanho X é eficiente, outra, com capacidade de 2X, será talvez apenas 50%

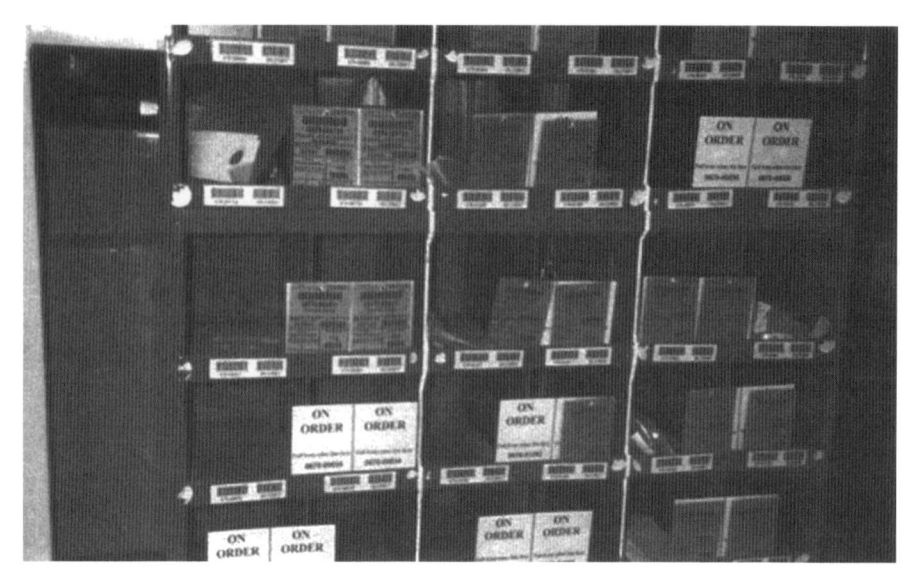

FIGURA I.7
Cartões de *kanban* utilizados em uma farmácia.

mais dispendiosa e, por isso mesmo, um bom negócio. Claro que eles não levam em conta o custo de todo o trabalho que nossas organizações precisam desenvolver diariamente para transportar fluxos de vários produtos (volumes diferentes) e disponibilizá-los em nosso sistema/máquina. Não se pode obrigar um fabricante a adotar a ideia das máquinas flexíveis, de menores dimensões, sendo esse o motivo pelo qual, quando se chega à máquina menor e mais eficiente de que se precisa, torna-se fácil projetá-la e construí-la internamente (ver **Figura I-8**). Ao chegar a esse ponto, você poderá deparar com uma ferramenta *lean* menos conhecida: a 3P.

3P

A ferramenta 3P (processo de preparação da produção) é um método que ajuda a desenvolver novos processos ou projetos, e também a garantir que o projeto de uma máquina seja compatível com as características do sistema *lean*. O princípio orientador da 3P consiste em que cada mecanismo já existe na natureza. A verdadeira 3P, com sua ênfase em utilizar exemplos da natureza para descobrir novos processos e projetos, é tão diferente que a maioria das organizações precisa de muitos anos de práticas *lean* antes de dar início ao processo 3P.

FIGURA I.8
3P: Da ideia ao tamanho correto.

No entanto, os aprendizados das lideranças a respeito da 3P são particularmente interessantes. Depois de alguns anos de *lean* na HON/HNI, começamos a usar 3P para o projeto de máquinas de pequena escala condizentes com as práticas *lean*, e também a inventar novas tecnologias de processo. O processo 3P funciona no desenvolvimento de produto, mas nossa menor experiência era exatamente nessa área. Assim, escalamos para o ponto em que estávamos instalando 15 eventos de *design* de máquinas 3P a cada trimestre, e tínhamos cinco *designs* de máquinas e instalamos departamentos de construção desses *designs*. Eventualmente, evoluímos para uma situação na qual estamos desenvolvendo projetos de 15 máquinas 3P a cada trimestre e temos cinco departamentos de desenvolvimento e construção focados nesses projetos. O princípio básico geral de liderança é que com 3P você pode gerar um determinado aumento de capacidade ao custo equivalente de 25% do capital das abordagens tradicionais, e consegue atingir um ganho de produtividade quatro vezes maior. Observe que reluto em destacar o tipo de ganhos que você pode atingir com 3P, pois isso pode incentivar alguém a tentar usar essa ferramenta antes de estar suficientemente avançado na jornada *lean* para poder fazer com que os princípios da 3P tenham sentido. No entanto, para empresas já avançadas em *lean*, a 3P é simplesmente uma segunda onda *lean*. A primeira onda para a manufatura é melhorar um sistema que foi projetado em torno de conceitos de lotes ou do fluxo de Ford. Então, quando você tiver um entendimento mais profundo de seus fluxos e das práticas *lean*, terá chegado a hora de começar a reinventar cada parte do processo e criar um processo de produção *lean* desde o início. Como se pode imaginar, é uma longa jornada, porque não se consegue redesenhar e reconstruir toda uma base de manufatura em dois ou três anos. Mas, com o crescimento mais acelerado que acompanha o *lean*, você atingirá o ponto em que desejará fazer isso em prazos menores do que os planejados. E, quando a jornada estiver com todas as etapas concretizadas, será possível construir vantagens tecnológicas que a concorrência não terá condições de igualar.

2P

A ferramenta 2P (preparação de processos) relaciona-se com os princípios do fluxo, porém sem utilizar as ideias extraídas da natureza que podem ser encontradas numa 3P. O conceito da 2P é mais fácil de assimilar do que o da 3P, e pode, em função disso, ser usado mais cedo na sua jornada *lean*. A 2P é seguidamente aplicada para projetar fluxo no *layout* de uma corrente de valor. Por exemplo, o ThedaCare Hospital Group usou a 2P para projetar o fluxo em seu processo de pacientes internos, como mostrado nas **Figuras I.9 e I.10**.

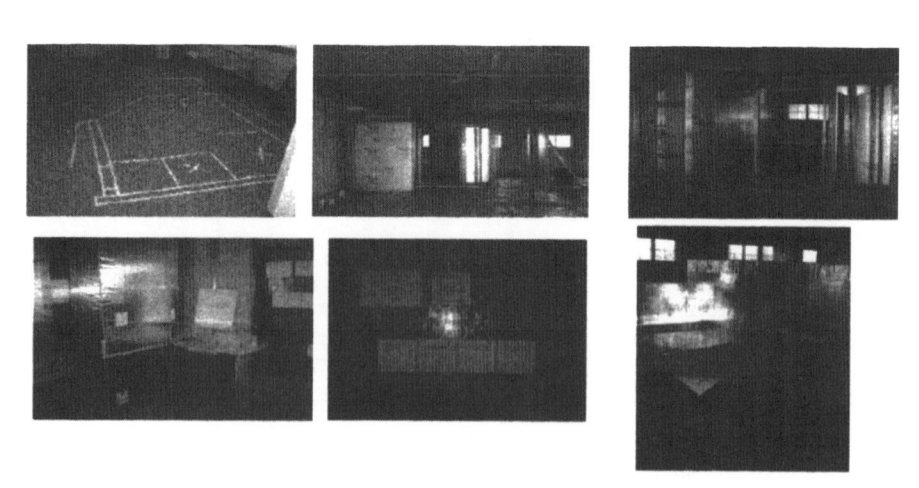

FIGURA I.9
2P: Área de atendimento conjunto no ThedaCare.

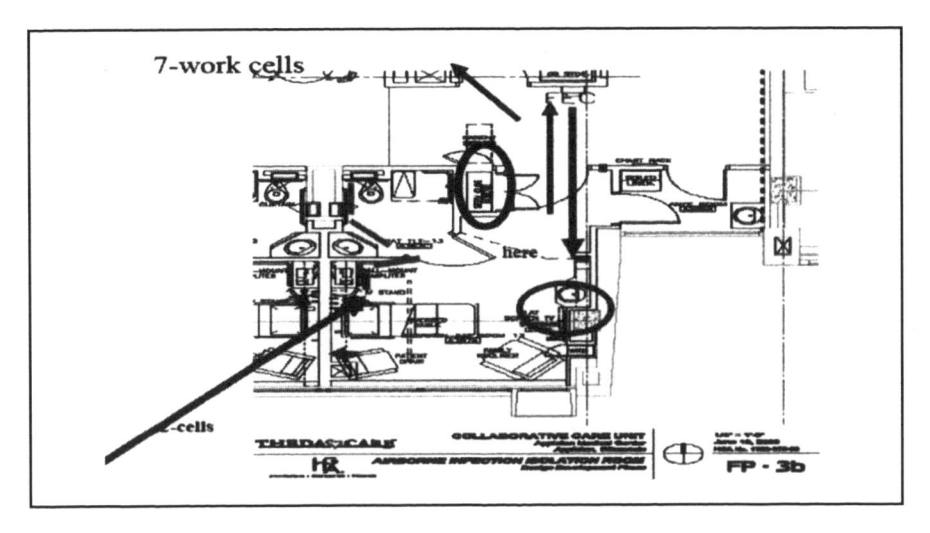

FIGURA 1.10
2P: *Layout* do atendimento conjunto no ThedaCare.

Trabalho padronizado: a ferramenta que foca em custo e produtividade

Ferramentas que aperfeiçoam a qualidade e o fluxo tendem igualmente a melhorar a equação custo/produtividade. Mas existe uma ferramenta fundamental que é a fonte principal dos ganhos em produtividade – tanto para os processos administrativos quanto para os de produção. Pode, inclusive, ser a ferramenta mais poderosa e mais onipresente do *kit* de ferramentas *lean*: é o chamado trabalho padronizado (não confundir com padrões de trabalho). O *trabalho padronizado* incorpora uma visão Toyota da engenharia industrial do trabalho com uma visão Toyota do fluxo. Além disso, concentra o foco nas etapas de agregação de valor no nível do processo de trabalho. Com o trabalho padronizado, você começa com o *tempo takt*,* o ritmo da produção do processo de trabalho: quantas vezes você precisa que um trabalho do processo seja realizado para suprir a demanda do consumidor, ou qual a frequência de uma carga de informação para suprir

---

* N. de R.T.: *Takt* corresponde ao tempo necessário para produzir uma unidade para atendimento da demanda. Se, por exemplo, a demanda do mercado é de 60 unidades por hora, o tempo *takt* deste produto é de um minuto. Caso esta demanda seja reduzida, passando para 30 unidades por hora, o tempo *takt* deste produto será de dois minutos.

as necessidades do consumidor. O conceito do tempo *takt* é verdadeiramente único, à medida que redefine o processo em torno das necessidades do cliente – seja um processo de manufatura, de serviços ou administrativo.

O trabalho padronizado relaciona cada passo no processo e faz uma rápida estimativa da quantidade de trabalho humano necessário para completar esses passos. Enquanto envolvido nesse processo, você estará num ciclo constante de perguntas:

- É realmente um passo que agrega valor?
- Tenho mesmo necessidade desse passo?
- Se um cliente me observasse realizando este passo do trabalho, ele se mostraria disposto a pagar para que eu o fizesse?
- Como posso assegurar qualidade e segurança neste passo?

Responder essas quatro perguntas para cada pequeno passo irá melhorar o processo. Depois que o trabalho no processo for melhorado e documentado, deve ser analisada a utilização da mão de obra. Começando no final do processo, você disponibiliza a cada pessoa um dia inteiro de trabalho, com base no tempo *takt* e na quantidade de trabalho.

Um dos aspectos destacados da visão Toyota do trabalho é que você não quer *equilibrar o trabalho* (ver **Figura I.11**). Pelo contrário, pois o equilíbrio esconde o desperdício e torna mais difícil removê-lo. Você deseja disponibilizar a

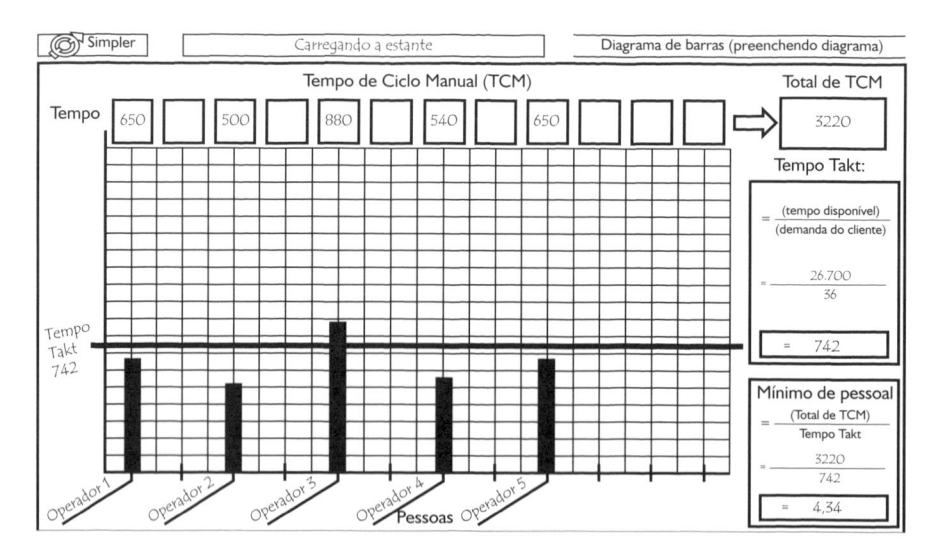

FIGURA I.11
Diagrama de barras mostrando baixa carga diária de trabalho por operador.

cada pessoa um dia inteiro de trabalho, e isso deixa a última pessoa parcialmente ociosa (**ver Figura I.12**). Um dos aspectos disso é que são utilizados plenamente todos os recursos humanos disponíveis no processo, exceto esta última pessoa. E, também, que essa pessoa dispõe de tempo livre em seu dia de trabalho – a meta, então, deixa de ser disponibilizar um dia inteiro de trabalho para ela, e passa a ser melhorar ainda mais o processo de trabalho para que essa pessoa possa ser integralmente liberada. O conceito de trabalho parcial é outra maneira pela qual a Toyota ajuda a tornar o desperdício visível. A **Figura I.13** mostra o impacto da melhoria depois da realização de um evento *kaizen*.

O resultado da revisão é uma prática de trabalho revista, documentada em folhas de combinações de trabalho padronizado. Todas elas são exibidas no próprio local da realização do trabalho. A **Figura I.14** ilustra exatamente quanto tempo seria necessário para a concretização de cada passo operacional, ou tarefa, no processo. Essas folhas constituem outra ferramenta para ver o desperdício com rapidez, pela observação de condições normais *versus* condições anormais.

Cada vez que executivos da Toyota visitam locais de trabalho, uma revisão que não deixam de fazer é a da prática do trabalho padronizado. Os executivos conferem se as folhas de combinação do trabalho padronizado estão mesmo afixadas em cada posto de trabalho. Escolhem, então, uma amostragem desses postos para verificar se seus colaboradores estão cumprindo o trabalho padronizado de acordo com as determinações. Se o trabalho é feito com exatidão,

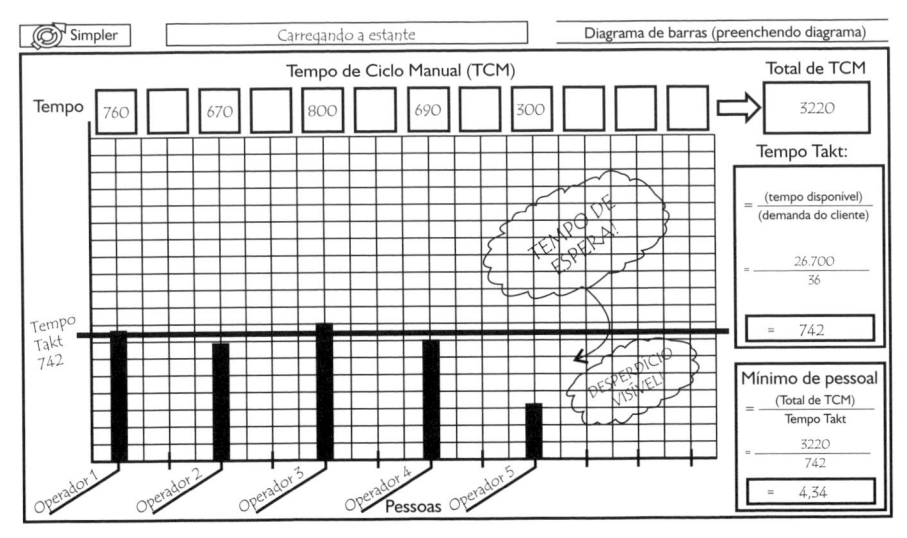

FIGURA I.12
Diagrama de barras mostrando alta carga diária de trabalho por operador.

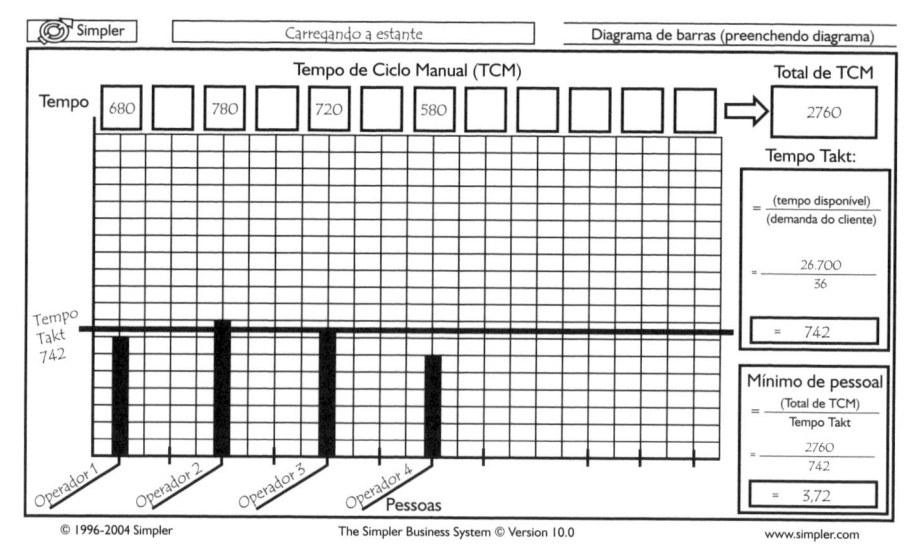

FIGURA I.13
Diagrama de barras mostrando a carga diária de trabalho por operador depois do *kaizen*.

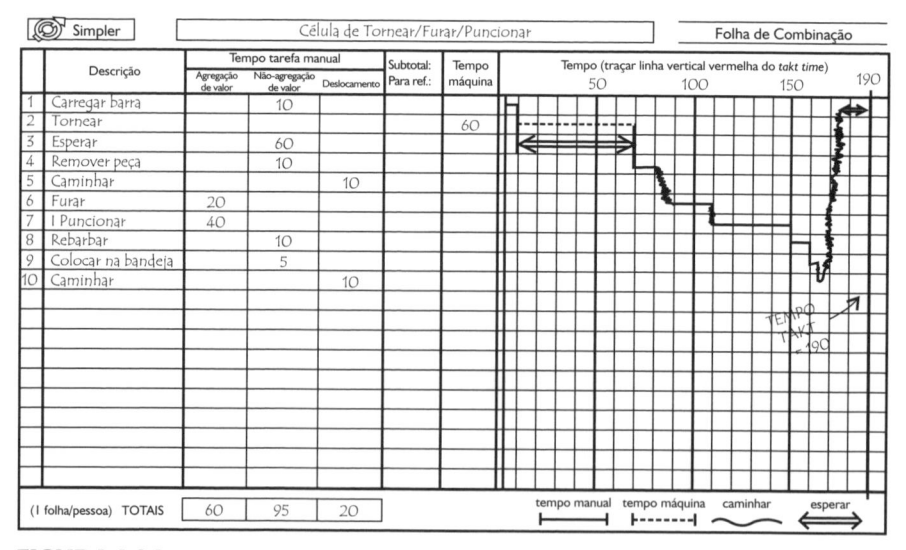

FIGURA I.14
Conjunto de folhas de combinação de trabalho padronizado.

os executivos verificam as datas nas folhas de combinação de trabalho padronizado. Se alguma destas folhas permanece inalterada há um bom tempo, isso dá motivo a uma discussão a respeito de melhorias na área de trabalho, porque, se tivesse havido qualquer melhoria desde a data anterior, o líder da equipe teria obrigatoriamente atualizado o conjunto de folhas de combinação de trabalho padronizado.

O trabalho padronizado pode parecer uma ferramenta por demais simples, rotineira, e, no entanto, trata-se da ferramenta-chave para localizar e remover o desperdício em qualquer processo – seja ele administrativo, de serviços ou na produção. Muitos que aplicaram ferramentas *lean* nunca chegaram a aprender o trabalho padronizado, e ainda assim ele é a pedra fundamental de toda essa área de conhecimento. Comumente, uma análise do trabalho padronizado, quase sempre feita durante uma semana de eventos de melhoria *lean*, terá como resultado um aumento de 40% na produtividade. Também haverá melhorias nas condições de qualidade e segurança do trabalho. E aquilo que você normalmente constata é que, cada vez que se reestuda uma área com trabalho padronizado, isso abre os olhos dos analistas para um nível subsequente de desperdício, obtendo-se assim uma melhoria de outros 40% na produtividade.

Na HON/HNI, em nosso quarto ano de transformação *lean*, examinamos os eventos de trabalho padronizado dos dois anos anteriores. Àquela altura, já havíamos realizado 491 eventos de melhoria de trabalho padronizado (semana de trabalho, foco na variedade), e com isso constatamos que, em média, atingíamos um ganho de produtividade de 45% cada vez que analisávamos uma área. Muitos desses eventos de trabalho padronizado constituíram a segunda ou terceira análise nessa área, e cada uma delas gerou cerca do mesmo ganho médio de produtividade. Avaliamos também os eventos administrativos de trabalho padronizado que havíamos conduzido, e constatamos um ganho médio de 80% em produtividade.

Normalmente, minha expectativa é de que os ganhos reais em produtividade compensem todos os custos da transformação *lean* dentro de 90 a 120 dias. (Nunca deverá levar mais de 120 dias o retorno total do tempo do seu funcionário, do seu *sensei* [consultor] e de seus custos de redesenho físico. Se o programa não estiver dando esses retornos em produtividade com essa velocidade, é preciso que você reavalie a qualidade dos seus eventos e do respectivo acompanhamento.) O trabalho padronizado é sempre o principal motivador desses ganhos em produtividade.

Uma vez que a organização esteja ciente de todo o potencial que o trabalho padronizado pode ter, surge uma tendência entre os gerentes a realizar somente eventos de trabalho padronizado. O que acontece quando você depara com isso é que terá um grande aumento em produtividade, mas, depois de algum tempo, esse aumento começará a encolher porque você não chegou a melhorar a sua qualidade ou o seu fluxo. Essas questões de qualidade começam igualmente a desestabilizar o ritmo do seu processo. Considerando uma média grosseira, você deveria realizar cerca de um terço dos seus esforços de melhoria com eventos de trabalho padronizado, e cerca de dois terços como eventos focados em aperfeiçoar a qualidade do processo, melhorar o desenvolvimento humano e consolidar o fluxo (por exemplo, estabelecer um *kanban* em torno de um monumento ou conduzir um evento de redução de tempo de *setup*).

A importância do trabalho padronizado foi-me demonstrada na fonte em meados da década de 1990, em uma visita às instalações da Toyota em Georgetown, Kentucky. Meu principal *sensei*, Yoshiki Iwata, havia sido anteriormente *sensei* de Fujio Cho, então presidente da Toyota Motor Manufacturing Corporation (TMMC) e posteriormente presidente mundial da Toyota. Iwata convidou-me a fazer uma visita a Cho na operação em Georgetown, ali instalada 15 anos antes. À época, eu me considerava um estudante ocasional do modelo *lean* durante quase 20 anos, e um praticante sério desse método havia 10 anos. Como tal, aprendera muitas das ferramentas e dos conceitos do *lean*, mas estava em busca de um novo conceito ou ferramenta revolucionários que pudessem conduzir minha organização a um nível superior de desempenho *lean*.

Decidi perguntar a Cho qual seria o seu foco de melhoria para o ano seguinte nas operações da Toyota. Eu estava certo de que, com o nível de experiência e sofisticação das operações da Toyota, esse foco teria de ser algo revolucionário para mim. No entanto, Cho me deu uma resposta muito simples: trabalho padronizado. Seu motivo para tal consistia na persistência de uma grande quantidade de desperdício em todo o trabalho da corporação, e que uma recolocação da ênfase no trabalho padronizado permitiria à Toyota identificar e remover todo esse desperdício.

Ferramentas focadas no desenvolvimento humano

O desenvolvimento humano é a pedra fundamental do empreendimento *lean*. Os novos conhecimentos que você transmite aos membros de sua equipe se transformam no seu maior ativo não registrado no balanço patrimonial. É muito bonito falar sobre a importância que as empresas devem dar às pessoas, mas em uma empresa *lean* isso acontece de verdade. A chave do sucesso de uma transformação *lean* é o contínuo reestudo e redesenho de processos de todos os tipos de trabalho, o que é realizado pelos próprios componentes de sua equipe. Eles precisarão que um *sensei* oriente seu aprendizado durante muito tempo, porque há mais a aprender do que a maioria das pessoas pode imaginar; porém, o avanço real da melhoria do processo *lean* será o trabalho dos integrantes de sua equipe. E, além desse trabalho, eles não apenas irão melhorar os seus processos, como também construir o conhecimento necessário para tanto.

Esse conhecimento se transforma, com o tempo, no seu maior recurso como organização.

Participação em eventos

Embora seja mais uma prática do que uma ferramenta, o uso de equipes com grupos multifuncionais de integrantes de sua própria organização é um tijolo fundamental na construção do desenvolvimento. É por meio dessa experiência que eles aprenderão a trabalhar em equipe e, ao mesmo tempo, a usar ferramentas/práticas/princípios e hábitos de liderança que criam um imenso ativo de recursos humanos.

5S (ou 6S)

Normalmente, a primeira ferramenta usada em um cenário administrativo ou de produção é um instrumento enganosamente simples chamado 5S ou 6S (em que o sexto S significa segurança). É enganosamente simples porque esses Ss, em japonês, são passos básicos nas boas práticas domésticas. São eles:

- **Seiri (classificação):** Eliminar tudo que não for necessário para o trabalho em realização
- **Seiton (separação):** Organizar equipamentos e materiais, cada um no seu lugar
- **Seison (brilho):** Arrumar e limpar
- **Seiketsu (padronização):** Padronizar e aperfeiçoar continuamente os três passos anteriores (*seiri*, *seiton* e *seison*)
- **Shitsuke (sustentação):** Estabelecer disciplina capaz de sustentar a organização do lugar de trabalho
- **Segurança:** Criar um ambiente seguro de trabalho

Os 5S/6S parecem simples demais para muitos executivos/gerentes, mas constituem, pelo contrário, um pilar fundamental da prática *lean*. O impacto de um esforço 5S/6S se torna óbvio para todos na área de trabalho. Ele faz tudo se ordenar e se organizar. E ser organizado torna o lugar de trabalho mais produtivo. Os 5S/6S igualmente tornam o lugar de trabalho mais limpo, seguro e menos frustrante. Esses benefícios são visíveis para todos e começam a criar adesão à jornada *lean* que se instala. Além disso, a prática diária de limpar e organizar sua área de trabalho exige disciplina, e os benefícios da disciplina são facilmente verificáveis, sendo, por isso mesmo, mais fácil aceitar essa nova prática de trabalho, e assim colocar seu projeto de jornada *lean* no pé direito e, deste modo, facilitando, seu esforço *lean*. Dado que um sistema *lean* é muito mais disciplinado do que os sistemas de fluxo da Ford ou de lotes, consolidar esse novo sentido de disciplina é um dos tijolos mais importantes da edificação do sistema *lean*. Como líder, você não pode subestimar toda a dificuldade de fazer com que colaboradores que até então desempenhavam seu trabalho com total independência passem a seguir um processo disciplinado e padronizado.

Com o *lean*, você sempre segue o trabalho padronizado. Você também faz periodicamente um *kaizen* e testa um novo rumo; quando ele dá resultado, você o adota. Você sempre avança para cada prática de trabalho padronizado sucessivamente. Este conceito é uma maneira nova de trabalhar para muitos dos colaboradores das equipes. Assim, ainda que pareça simples, o 5S/6S deveria ser o seu primeiro passo; ele irá estabelecer sua reputação mediante ganhos de produtividade a curto prazo e, ao mesmo tempo, implantar uma base de adesão e disciplina de trabalho que irá render frutos durante muitos anos.

Depois de implantar o 5S/6S, constatamos que, com essa prática em uma determinada área, normalmente conseguíamos ali um aumento médio de 15% na produtividade. A **Figura I.15** mostra uma área que tem um alto padrão de práticas 5S/6S implantado. Com uma simples olhada, você conseguirá identificar tudo que estiver fora de seu devido lugar, ou faltando.

FIGURA I.15
5S/6S: Tudo em seus devidos lugares.

Kaizen *Ergonômico*

Há também uma ferramenta que ajuda a redesenhar o local de trabalho a fim de adequá-lo aos princípios ergonômicos. Muitas vezes chamada de *kaizen ergo*, trata-se de outra ferramenta de fácil aceitação e que, ao mesmo tempo, gera uma produtividade suficiente para pagar sua implantação. Normalmente, depois de uma área passar por uma iniciativa 5S/6S, um estudo *kaizen ergo* poderá agregar outro ganho de 15% em produtividade. E, naturalmente, reduzirá os custos da indenização dos trabalhadores e aumentará a moral. Na verdade, à medida que íamos adquirindo novas empresas, fazíamos do lançamento de um programa de segurança e *kaizen ergo* o primeiro passo da integração *lean*. Tão logo os integrantes da empresa recém-adquirida se convenciam da seriedade de nossa preocupação com a segurança, tudo passava a fluir mais suavemente.

Sistema Teian

Há também um sistema de sugestão desenhado de forma a adaptar-se integralmente ao *lean*. O sistema *Teian* tem sua ênfase no desenvolvimento da aceitação da ideia da melhoria e no desenvolvimento das habilidades humanas na busca de solução de problemas, em vez de concentrar-se na redução de custos. Na verdade, uma operação Toyota normalmente não colocaria foco nas economias de um sistema de sugestão antes de, no mínimo, três anos. Os primeiros três anos devem estar focados na construção da participação (com a ideia de que, se você participar, irá desenvolver uma atitude mais positiva em relação a qualquer tipo de melhoria, e desenvolver habilidades na busca de solução de problemas e melhorias que venham a se revelar de valor). Para os primeiros dois anos desse período, o foco costuma ser a obtenção de uma percentagem maior da força de trabalho participante – sendo 95% um bom objetivo para o segundo ano. O terceiro ano irá, então, focar mais o aumento do número de implantação das sugestões apresentadas pelos integrantes comuns da equipe. O *benchmark* de classe mundial (o ponto ótimo da experiência Toyota) gira em torno de 24 sugestões implantadas por integrante de equipe, a cada ano; elas podem focar segurança, qualidade, produtividade ou fluxo.

Lembre-se, porém, de que isso não é um sistema de sugestões, mas um sistema implantado de sugestões. Existe apoio para que os membros da equipe, ou pequenos grupos deles, implantem suas próprias sugestões, e ao mesmo tempo não há crédito para a inserção de sugestões – apenas para melhorias que sejam efetivamente implantadas.

Envolvimento é a palavra-chave. Ele conduzirá a mudanças de atitude e também na motivação para melhorar e construir novas habilidades. O envolvimento é a meta maior do sistema *Teian*.

Ferramentas focadas prioritariamente no desenvolvimento de novos produtos

Constata-se que as ferramentas e conceitos dos quais falamos até aqui podem ser aplicados a aspectos variados do desenvolvimento de produtos. No entanto, o desenvolvimento *lean* de produtos tem todo um adicional de conceitos, ferramentas e práticas. Veremos agora uma amostragem das ferramentas mais efetivas. Antes, porém, saliente-se que existem muitos outros instrumentos no *kit* de ferramentas do desenvolvimento *lean* de produtos, como o leiaute celular, a redução da variedade, os laboratórios de desenvolvimento de produtos, etc.

Decisões antecipadas

Um desses conceitos é a ideia da adoção de decisões antecipadas. A maioria das empresas organiza projetos de desenvolvimento de produtos em uma modalidade sequencial, só para constatar que, lá pelo fim, precisará começar tudo de novo, porque alguns de seus colaboradores não entraram em acordo a respeito de decisões fundamentais quando ainda era tempo. Na Toyota, existem os "portões de pedágio" (*toll gates*), a partir dos quais os projetos só poderão avançar se algumas decisões fundamentais já estiverem adotadas.

Inovação forçada (ou desenvolvimento simultâneo de produto)

Outro conceito é a ideia da *inovação forçada* em cada projeto de desenvolvimento; chama-se também de desenvolvimento simultâneo de produtos. A ideia central é assegurar que a inovação ocorra, e que, ao mesmo tempo, o produto chegue ao mercado no prazo marcado. O desenvolvimento normal de produtos muitas vezes perde aquela que é a data prevista para seu lançamento no mercado, em função de *loops* de retrabalho no processo de desenvolvimento (parte da qual trata o processo dos *toll gates* referido na seção anterior) e também pelos esforços para manter a inovação atualizada. A prática na Toyota tem um tempo definido, no início do projeto de desenvolvimento, em que se faz uma alocação de recursos para levar o desenvolvimento aos conceitos básicos no projeto. Normalmente, haverá três projetos alternativos que serão submetidos a intensivo desenvolvimento e teste de esforço em uma janela muito estreita de tempo.

    A primeira alternativa costuma ser um projeto básico, com apenas algumas modestas melhorias. É um projeto que pode ser implantado, com certeza, dentro das presentes restrições de prazos para tempo, custo, qualidade e funcionalidade. Depois, um segundo projeto, mais avançado, será a alternativa potencialmente com maiores benefícios, empurrada em um período rápido de experimentação, ao mesmo tempo. E um terceiro projeto alternativo, muito avançado, já em adiantado estado de concretização, será igualmente empurrado ao longo de uma série de rápidos experimentos práticos. Se um projeto muito avançado (a terceira alternativa) progredir rapidamente e puder ser consolidado em um conceito comprovado no período menor, mais restrito, de tempo, será automaticamente transformado na escolha alternativa do desenvolvimento desse projeto. Contudo, mais vezes do que se imagina, isso não se concretiza. Se este projeto muito avançado se comprovar um insucesso, será documentado (em A3) para aprendizado, e em seguida abandonado. Se o projeto *avançado* (segunda alternativa) mostrar boas perspectivas, mas não estiver pronto para lançamento depois deste curto período de inovação, será preservado em um ciclo de desenvolvimento mais adiantado e prosseguirá até se comprovar um projeto pronto para produção durante o programa de desenvolvimento *seguinte*. O resultado de tudo isso é inovação em doses significativas, mas nada de atraso em produtos com lançamento já anunciado.

Voz do consumidor (VOC)/desdobramento da função qualidade (QFD)

Outra ferramenta usada no desenvolvimento de produtos é o processo da voz do consumidor (VOC, de *voice of customer*). Normalmente, ele é organizado na casa da ferramenta Desdobramento da Função Qualidade (QFD), sendo a mesma um método sistemático de traduzir as necessidades reais do consumidor em exigências de produtos e serviços. A ênfase no entendimento da voz verdadeira do consumidor é o fundamento de qualquer bom esforço de desenvolvimento de produto. O uso do QFD organiza dados da VOC de maneira que sejam desenvolvidos em especificações de projeto, em escolhas de processos e em suporte de serviços pós-vendas.

Para a maioria das empresas, o uso de um bom processo VOC e QFD pode ter impacto positivo nos esforços de desenvolvimento. A maioria desses projetos de desenvolvimento é comandada por engenheiros que conhecem tudo da tecnologia mas muito pouco dos consumidores. Assim, chegamos às vezes a soluções tecnológicas para problemas que os consumidores não têm. Para uma empresa comum, só o fato de manter o desenvolvimento de produtos focado nas necessidades reais dos clientes representa um grande passo à frente, e isso geralmente exige o envolvimento dos melhores engenheiros de desenvolvimento em visitas pessoais aos clientes, com uma abordagem organizada para averiguar suas verdadeiras necessidades em termos de produtos e serviços. Quando desenvolvia veículos tão importantes como o Lexus ou a minivan Sienna, a Toyota mandou que seus principais engenheiros verificassem como eles eram utilizados por clientes escolhidos para testá-los no país inteiro;

os engenheiros chegaram a morar durante algum tempo com as famílias desses clientes a fim de entender melhor a opinião de todos a respeito dos veículos. A questão é que você precisa de pessoas que conhecem o que é tecnicamente possível para atender as necessidades que as pessoas têm.

Na Jake Brake, no início de minha jornada *lean*, costumávamos aglutinar nosso conhecimento VOC, e então reunir um grupo amplo dos nossos melhores representantes dos setores de vendas, *marketing*, projeto, e produção. Nós os mantínhamos encerrados durante no mínimo uma semana – às vezes mais – e exigíamos que, a partir da VOC, fizessem um exercício no papel para desenvolver o conceito ao longo de todo o processo QFD. Esse grupo mais amplo estaria aberto a inúmeras alternativas sobre a melhor maneira de concretizar a VOC. E, ao exigir que passassem por todo o processo do QFD antes do início do projeto, conseguíamos extrair o máximo possível das decisões tomadas no início. Depois do QFD, costumávamos fazer um esforço mais detalhado da equipe destinada ao projeto. O primeiro evento, no entanto, sempre era uma verdadeira sessão de *brainstorming*.*

O ponto central é que a maioria das empresas tem sensíveis deficiências em seus programas de desenvolvimento, quase sempre porque não miram a verdadeira VOC. Precisamos aprender a usar o tempo de maneira positiva, para ter impacto nos resultados do projeto mas não muito em seus custos e prazos. Pense desta forma: o tempo de gerenciamento gasto revisando projetos de desenvolvimento tende a ficar maior à medida que se aproxima o lançamento (a essa altura, ele está criando principalmente mais trabalho sem agregação de valor), mas, no começo do projeto, quando é significativo o impacto em decisões de baixo custo em termos de prazos e verbas ainda disponíveis, é praticamente inexistente o tempo despendido em gerenciamento.

Análise Kano

O *lean* sempre produz seus melhores resultados como estratégia de crescimento, e uma das melhores formas de promover o crescimento é aplicar uma análise *kano* aos seus esforços de desenvolvimento de produtos. A ferramenta de análise *kano* foca na típica estratégia de produto de encontrar definições de VOC baseada em produtos, e as compara com uma estratégia de crescimento de desenvolvimento de produto no sentido de encantar os clientes mediante a satisfação de necessidades ou aspirações ainda não verbalizadas (ver **Figura 1.16**). Dado que o *lean* normalmente cria algumas melhorias de produtividade e

---

* N. da R.T.: A técnica de *brainstorming* propõe a reunião de um grupo de pessoas, com diferentes pensamentos, para gerarem ideias inovadoras, com o objetivo de chegar a uma solução comum e eficaz para um problema analisado.

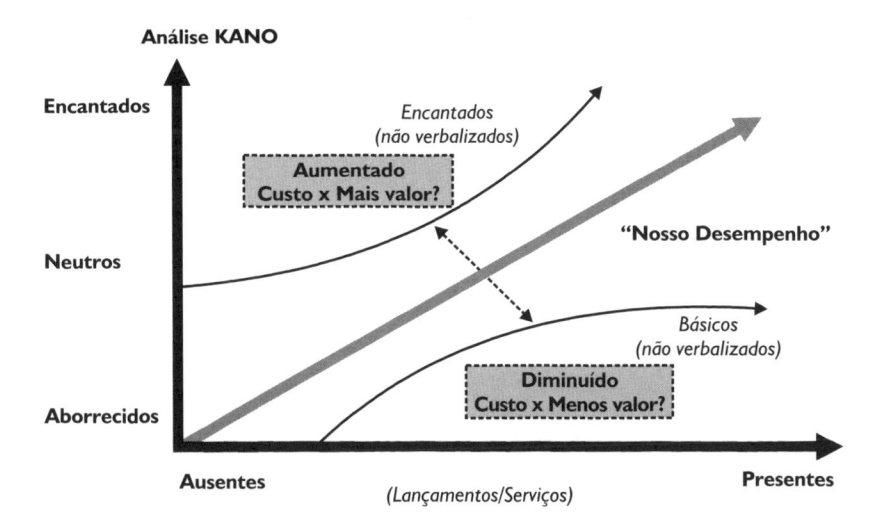

FIGURA 1.16
Análise *kano*.

margem, faz sentido reenfocar os esforços de desenvolvimento de produto para encantar os consumidores (ou seja, satisfazer suas necessidades/aspirações não verbalizadas). E esforços bem-sucedidos de VOC são quase sempre capazes de identificar essas necessidades/aspirações não verbalizadas.

Obeya

Outra ferramenta fundamental é a *obeya*, uma das típicas práticas Toyota de baixa tecnologia. A palavra *obeya* pode ser traduzida como "salão", e a prática envolve os principais membros da equipe interfuncional trabalhando na mesma sala durante o andamento de um projeto. (A Toyota constatou que as interfaces de computador não são um bom substituto para esta interface pessoa-pessoa.) O valor é a comunicação face a face ao longo do desenvolvimento do processo, especialmente entre funções que normalmente não mantêm contatos próximos.

Minha experiência é no sentido de que a comunicação diminui na proporção do quadrado da distância que afasta duas pessoas (a base científica dessa convicção não é muito sólida, mas conceitualmente parece correta), e no desenvolvimento de produtos você certamente pretende incentivar altos níveis de comunicação. Cheguei ao ponto de colocar quem apresentava as maiores dificuldades na comunicação interfuncional – engenheiros de produtos e engenheiros de processos – em mesas uma em frente à outra. Simples mas poderoso. Este conceito é conhecido como *obeya*, ou *o salão* (ver **Figura I.17**).

Seus maiores impactos irão surgir a partir do real entendimento das necessidades (verbalizadas ou silenciadas) dos consumidores, conectando o conhecimento do que é tecnicamente possível com essas necessidades, e então transformando esse conhecimento em especificações de projeto, especificações de processo e projeto de serviços – na verdadeira linha de frente do processo de desenvolvimento. É ali que a liderança sênior deveria passar a maior parte de seu tempo.

FIGURA I.17
Salão de *obeya*: comunicação face a face.

RESUMO

Não vimos todas as ferramentas e conceitos do *kit* de instrumentos *lean*, e o que foi abordado não foi explicado de maneira suficientemente detalhada para que alguém se considere realmente capacitado a aplicá-los. Mas nada impede que, com o tempo, você adquira uma ideia mais concreta do alcance das ferramentas *lean* e de algumas regras úteis quanto à sua aplicação.

MINHA JORNADA NO APRENDIZADO *LEAN*: ONZE TRANSFORMAÇÕES CORPORATIVAS

As lições compartilhadas neste livro contemplam meu aprendizado, ao longo dos últimos 30 anos, do sistema *lean* – ou talvez, mais especificamente, do Sistema Toyota de Negócios – *Toyota Business System* (TBS). (Prefiro a denominação *Toyota Business System*, porque ela se volta ao conjunto da corporação. A Toyota usa a denominação Sistema Toyota de Produção – *Toyota Production System* (TPS) por razões históricas, mas aqueles que utilizam essa forma falam quase sempre de uma abordagem de como dirigir o empreendimento em seu conjunto.)

Com o passar dos anos, vi muitas empresas tentarem aplicar o conhecimento da Toyota aos seus empreendimentos, e testemunhei, igualmente, o insucesso de muitas delas. Por esse motivo, tenho orgulho de afirmar que todas as 11 empresas que encaminhei para a jornada *lean*, como seu presidente ou presidente do Conselho (no âmbito da Danaher Corporation e da HNI Corporation), mantiveram-se firmes no caminho e continuam praticando o aprendizado *lean*. Nem todas elas serão discutidas neste capítulo; preferi apresentar aqui apenas os exemplos mais relevantes.

Embora eu não me atrevesse a considerar qualquer dessas empresas como perfeitas em seu caminho para a "toyotização", os primeiros empreendimentos da Danaher mantiveram o rumo por 20 anos e a primeira das empresas HNI, por 15 anos. Ninguém pode proclamar que entende completamente todos os elementos do sucesso que transformaram a Toyota em um modelo de empreendimento bem administrado, mas pelo menos os resultados e os fundamentos culturais estabelecidos na Danaher e na HNI foram suficientemente fortes para durar.

DEERE & COMPANY

Minha carreira empresarial começou com a Deere & Company, a empresa de máquinas agrícolas com sede em Moline, Illinois. Em meados da década de 1970, quando eu já trabalhava na Deere havia alguns anos, numa variedade de áreas, fui encarregado de um projeto para assessorar uma "aliança estratégica" com uma empresa japonesa chamada Yanmar Diesel. Percorri todas as instalações de produção da Yanmar e visitei muitos de seus revendedores no Japão. Mantive também reuniões com a cúpula administrativa da empresa, nas quais, a certa altura, foi apresentado um conjunto de eslaides resumindo seus projetos de melhoria nos três últimos anos. Eu me considerava, de certa forma, um estudante de produção, e havia testemunhado a Deere investir 4% de suas vendas em gastos de capital, o que gerava um crescimento anual de produtividade de cerca de 3%. Esses eram os números que eu tinha como meu *benchmark*, uma vez que a Deere era líder em seu setor industrial. Na Yanmar, contudo, eles proclamaram ter duplicado, com sobras, seu mercado de produtos nos três anos anteriores, ao mesmo tempo em que a produtividade do empreendimento havia aumentado mais do que isso – e comprovaram tudo com grandes margens de lucros. No começo, pensei não ter entendido direito, mas, ao me certificar de que aqueles eram os números reais, fiquei nada menos do que assombrado. Aquilo representava uma ordem de amplitude do nosso ganho anual em produtividade, mas eu não havia notado sinais de qualquer investimento significativo em capital nas minhas andanças pelas instalações da Yanmar. Outras avaliações da empresa, contudo, repetiam essa mesma ordem de amplitude: rotatividade de estoques, índices de queixas de consumidores, e assim por diante.

Resumindo, aquilo que eu testemunhei foi uma das primeiras aplicações do TBS. Até que fiquei sabendo que a Yanmar tinha três *sensei* (professores eminentes) da Toyota que os visitavam nos fins de semana, ajudando a modificar sua maneira de dirigir a empresa. E aqueles ganhos eram os resultados daqueles finais de semana prolongados.

Taiichi Ohno foi quem organizou grande parte dos conceitos básicos do TBS. Ele também criou várias das agressivas práticas de novo gerenciamento que muitos ainda utilizam hoje sem sequer saber sua origem. O Grupo Autônomo de Estudos reunia os principais talentos da Toyota que Ohno usou para desenvolver seu sistema. E aqueles *sensei* levados à Yanmar eram três dos primeiros cinco integrantes do Grupo Autônomo de Estudos original.

Fiquei realmente impressionado com a diferença nos índices de melhoria em todos os principais indicadores de desempenho e, para ser honesto, até mesmo com medo daquilo que testemunhei. Sabia que precisaríamos aprender como colocar em prática aquelas abordagens, se a Deere pretendesse manter sua posição no ranking empresarial. Depois de retornar a Moline, acertei com

Jim Abegglan, então o principal especialista ocidental em matéria das modernas práticas japonesas de produção, uma visita à sede da Deere a fim de apresentar uma revisão de liderança sênior do sistema de produção Just-in-time (JIT). No entanto, depois de algumas reuniões, lembro ter ficado desapontado: a Deere ia muito bem na época, e o máximo de reação que obtive foi algo como "Puxa, George, foi muito interessante... obrigado por trazer o homem aqui. Mas acho que não temos motivo para tentar essa novidade dos japoneses aqui em Moline". Apesar dessa reação morna, até mesmo indiferente, segui com a ideia fixa de aprender mais a respeito desse modelo diferente de tocar um negócio, e continuei a ler tudo que encontrei sobre o assunto. Infelizmente, não havia muita coisa para ler naqueles dias, e grande parte daquilo que já fora publicado se mostrava incorreto, escrito por não especialistas tentando descrever algo que não conseguiam entender.

ROCKWELL INTERNATIONAL

Depois disso, fui convidado para trabalhar na divisão Automotive Operations (Operações Automotivas) da Rockwell International. A companhia tinha sede em Detroit, sendo a Rockwell um dos principais fabricantes na área dos componentes de caminhões Classe 8 (pesados), incluindo eixos, freios e transmissões. Aceitei o desafio, tanto por ser uma promoção quanto por pensar que, estando em Detroit – uma cidade automobilística que, com certeza, deveria estar trabalhando de maneira semelhante à da Toyota –, eu poderia aprender mais sobre aquilo que hoje chamamos de *lean*.

Mas o que acabei descobrindo foi que a Detroit daqueles dias não demonstrava, pelas práticas japonesas de produção de automóveis, um interesse maior do que o de Moline. Ainda assim, obtive apoio da cúpula do Automotive Group para chefiar uma pequena equipe que faria o *benchmarking* das melhores práticas em empresas internacionais de manufatura. Até então, fazíamos o *benchmarking* em relação às nossas próprias unidades: a Rockwell tinha a política de ser a nº 1 ou a nº 2 na indústria. Operávamos no maior mercado global; por isso, éramos sempre o concorrente global nº 1 ou nº 2, o que nos fazia acreditar que seríamos sempre o parâmetro do desempenho da indústria.

A equipe era basicamente formada por mim e por Bob Pentland, considerado um dos melhores no campo da engenharia de produção. Começamos nosso trabalho viajando por cerca de três semanas a cada trimestre, visitando empresas e fazendo o *benchmarking* dos respectivos desempenhos.

À época, a Rockwell construía o ônibus espacial, o bombardeiro B-1 e outras "coisas interessantes" do mesmo porte; por isso, tínhamos escritórios de compra e venda espalhados pelo mundo, o que significava que podíamos visitar praticamente qualquer empresa que nos interessasse. Giramos o mundo e logo constatamos que, embora empresas europeias muitas vezes desenvolvessem uma tecnologia de processos exclusiva e conseguissem montar empresas de sucesso em torno delas, não operavam, no fundamental, com qualquer diferença em relação aos nossos padrões. Mas, depois da primeira viagem ao Japão, começamos a ver algumas empresas que eram radicalmente diferentes. Durante três anos, visitamos 144 empresas industriais no Japão. Algumas eram gigantes, como a Matsushita; outras eram de médio porte, como a Omron; e não deixamos de fora nem pequenos fornecedores da indústria automobilística. Percorremos todas as grandes OEMs (produtoras de equipamentos originais) do setor automobilístico, e então partimos para suas bases de suprimentos.

Constatamos que cerca de 15% das empresas tinham indicadores de desempenho radicalmente superiores. Algumas faziam basicamente o mesmo tipo de produto, mas com quatro vezes mais produtividade, índices de defeitos e reclamações dos consumidores 90% menores e investimentos em estoques 90% abaixo dos nossos. Era quase impossível acreditar. No começo, não tínhamos sequer a certeza de estar entendendo corretamente aquilo tudo, mas, à medida que continuamos constatando um número cada vez maior de empresas operando nesse modelo, fomos nos convencendo de que aquele era seu verdadeiro desempenho. Também nos demos conta de que as empresas que tinham essa ordem de amplitude de superioridade de desempenho faziam, quase todas, parte do Grupo Toyota e de sua ampla rede de filiadas. Então, passamos a acreditar que não era um delírio nosso. Claro que, na volta a Detroit, seria praticamente impossível convencer alguém da veracidade daquelas constatações. E foi o que aconteceu.

Bob e eu estávamos aprendendo sobre algumas das ferramentas básicas que foram usadas para otimizar o desempenho – coisas como melhor fluxo e redução do setup, que permitiam a redução dos estoques –, mas o que conseguíamos entender não passava da ponta do *iceberg*. Não tínhamos como ir além, mas, em nossas viagens pelo Japão, havíamos comprado um livro de Shigeo Shingo traduzido para o "japinglês". Nele, Shingo descrevia a abordagem Toyota como a entendia e em sua própria terminologia. Entre a tradução local e a maneira um tanto impenetrável do autor de explicar aquilo que havia para ser explicado, tornava-se uma tarefa realmente complicada entender o que ele pretendia transmitir. À medida que viajávamos de uma indústria para outra, líamos um parágrafo de cada vez e tentávamos decifrar seu real significado. Como se tratava do único material disponível sobre o tema, trabalhamos com afinco. Ao mesmo tempo, tentamos aplicar, no retorno aos Estados Unidos, as lições assim aprendidas, e também passamos a testá-las em nossas próprias operações.

JAKE BRAKE (DANAHER)

Alguns anos depois, tive a oportunidade de presidir, em Connecticut, uma empresa chamada Jacobs Vehicle Manufacturing Company, ou simplesmente Jake Brake. A Jake Brake tinha um produto muito bom ("retardadores" de motores, ou freios feitos para motores pesados a diesel), que fornecia para pesos-pesados da indústria, como Cummins Engine, Caterpillar Diesel e Detroit Diesel. Entregávamos qualidade, mas, em função da exclusividade da patente, gradativamente fomos nos tornando arrogantes e descuidados em relação às reclamações dos clientes. Despachávamos pedidos com um mês de atraso, em média, sempre em lotes mensais de produtos. E também dávamos uma exagerada em nossos preços.

Pouco depois de assumir a presidência, no entanto, descobri que as patentes haviam recentemente expirado. E para complicar ainda mais, uma nova companhia, a Danaher Corporation, adquiriu o controle acionário da matriz da Jake Brake, a Chicago Pneumatic Corporation. A Chicago Pneumatic tinha um total de 15 empresas, 14 das quais davam prejuízo, e por isso os novos proprietários, Steve e Mitch Rales, estavam especialmente interessados naquilo que acontecia na Jake.

A diferença de desempenho que já tínhamos entre a entrega efetiva e as expectativas dos clientes me levou a pensar que pouco teríamos a perder com uma tentativa radical de mudar a Jake Brake de acordo com os métodos da Toyota. Eu sentia que não sabia o suficiente para começar, mas mesmo assim fomos adiante. Dada a amplitude da crise que enfrentávamos, até que começamos bem. A maioria dos nossos colaboradores, no entanto, acreditava que a nova abordagem não funcionaria e que iríamos acabar com a empresa. No feriado do Natal de 1987, colocamos todos os equipamentos da fábrica para funcionar em um fluxo de células muito rudimentar. Quando retornamos em janeiro, percebemos a diferença de imediato.

Pensando nos ganhos que víamos nas organizações Rockwell e nas operações da Toyota, cujo *benchmarking* havíamos realizado no Japão, decidimos fixar como meta uma produtividade equivalente a quatro vezes aquela que a indústria vinha apresentando, o que significaria aumentar a produtividade da empresa em 2% a cada mês no decorrer de seis anos. À medida que íamos colocando nosso novo fluxo em funcionamento, naturalmente colocávamos em marcha algo que lembrava os fluxos de valor de linhas de produto (os passos do processo para entregar um produto ou serviço a um consumidor). Também descobrimos que tínhamos milhares de problemas para resolver: questões de redução do setup, questões de qualidade, de troca de ferramentas, de fluxo de materiais, entre muitas outras. Por isso, começamos a dedicar recursos para análise e solução de problemas a cada uma das "fábricas focadas" em linha de produtos, como passamos a chamá-las. Até que, em meados daquele ano, ocorreram dois eventos críticos:

- Os *sensei* que haviam trabalhado com a Yanmar no Japão se aposentaram da Toyota; porém, consegui convencê-los a adotar-nos como seus primeiros discípulos estrangeiros.
- Steve e Mitch Rales nos visitaram e analisaram o que estávamos fazendo, por que fazíamos e quais os resultados iniciais.

Steve e Mitch tinham experiência no mercado imobiliário e não no setor industrial, mas haviam optado por instalar uma empresa industrial baseada em níveis elevados de endividamento (típico dos investimentos imobiliários) e em uma forte crença de que marcas industriais sólidas (como a Jake Brake) proporcionariam plataformas estáveis que fariam o empreendimento crescer. Em retrospecto, isto era um fator favorável: se eles tivessem uma sólida experiência industrial, provavelmente saberiam que essa história do *lean* talvez pudesse não dar certo, e teríamos sido contidos a tempo. Mas, como ocorreu, eles acreditavam que os princípios faziam sentido. Eles ficaram impressionados ao conversar com nossos operadores filiados ao United Automotive Workers (UAW, o sindicato dos trabalhadores automobilísticos) sobre as mudanças concretizadas até então, e nos incentivaram a prosseguir no caminho determinado.

Nos dois anos seguintes, continuamos a aprender com os nossos *sensei*, que costumavam visitar-nos e fazer o trabalho de instrutores no próprio *gemba* (local de trabalho) em eventos *jishukin* (eventos kaizen que duravam uma semana; ver Capítulo 3) que não apenas produziram melhorias como também nos ensinaram os princípios e as ferramentas do Sistema Toyota de NegóciosT. Começamos a instituir uma cultura contínua de análise e solução de problemas e contínuo aprendizado. Nesse período, redesenhamos aquelas fábricas focadas (ou fluxos de valor) cinco vezes, sempre levando-as a um novo e melhor nível de desempenho. No total, conseguimos reduzir nossos prazos de entrega de mais de 30 dias para apenas 1 dia, com 100% de entregas pontuais. Reduzimos as questões sobre qualidade em mais de 80% e também o estoque total em pouco mais de 80%. Acima de tudo, porém, conseguimos aumentar a produtividade do empreendimento em 86%, o que correspondia ao nosso objetivo inicial de 2% ao mês.

Enquanto fazíamos tudo isso, continuávamos com nossas visitas ao Japão para manter o aprendizado em dia. Fomos introduzidos à aplicação no mundo da produção, mas começamos a aplicar as práticas *lean* aos nossos processos administrativos e de desenvolvimento de produtos ao mesmo tempo. Por exemplo, no desenvolvimento de produtos, conseguimos quadruplicar o total de novos produtos sem aumentar os recursos a eles destinados, e os colocávamos no mercado em apenas 20% do tempo que costumávamos levar.

À medida que organizávamos nosso aprendizado e o difundíamos por toda a organização, passamos a chamá-lo de Sistema Jacobs de Negócios – Jacobs Business System (JBS), porque estava focado em mais do que apenas um "sistema de produção". À medida que obtíamos impulso, o executivo do nosso grupo, Art Byrne, começou a propagar o JBS para as outras empresas da corporação, e ele logo passou a ser conhecido como o Sistema Danaher de Negócios – Danaher Business System (DBS).

Em 1990, fui promovido a presidente de grupo do Grupo de Ferramentas, então o maior das organizações Danaher, e passei a propagar o DBS para aquelas operações. Estabeleci também um setor DBS que ajudou a documentar e difundir o novo aprendizado. Meu papel nisso tudo foi interessante, pois a essa altura tinha cinco presidentes de empresas que se reportavam a mim e que se consideravam os líderes dessas empresas, o que realmente eram. Quis, porém, fazer cada um deles passar por todas as etapas da difícil transformação *lean*. As questões de mudança gerencial que surgem com a expansão das práticas *lean* nesse tipo de estrutura constituem um desafio bem maior do que recolocar uma empresa isoladamente nos trilhos (como ocorreu na Jake Brake), o que já é uma tarefa bem difícil. Apesar dos tropeços iniciais de ter cinco corporações com muitas sedes começando uma forma totalmente nova de trabalhar, tudo ao mesmo tempo, o fato é que ganhamos impulso e conseguimos, nos dois anos seguintes, melhorar nossas margens em cerca de quatro pontos percentuais, o que, logicamente, promoveu o Grupo de Ferramentas da condição de pequeno prejuízo para um bom lucro.

HON COMPANY

A essa altura, meus pais e os parentes de minha esposa no estado de Iowa estavam entrando naquela idade em que problemas sérios de saúde começam a se manifestar. Parecia então que seria bom para toda a família voltar a morar perto deles, para ajudar no que fosse possível. Em 1992, transferi-me para a HON Industries (atual HNI Corporation) e a introduzi na jornada *lean*. Fui nomeado presidente da HON Company, a maior unidade de negócios da corporação, e consegui orientar e instalar ali algumas práticas *lean*. Novamente contei com meu *sensei* externo ajudando a ensinar à minha equipe a melhor maneira de aplicar as ferramentas, e, uma vez mais, minha função era a de comandar todas as questões de transformações maiores que inevitavelmente acompanham uma mudança dessa amplitude. De 1992 a 1999, quando me aposentei do trabalho corporativo, a HON Company avançou do quinto lugar no ranking de seu setor para o segundo lugar (as vendas aumentando pouco menos de três vezes mediante o "crescimento orgânico"), com condições de buscar a posição de liderança nessa indústria. Com base no *benchmarking* Rockwell e na experiência Danaher, estabelecemos metas para cada sede e cada departamento da HON no sentido de:

- Reduzir os índices de acidentes em 20% ao ano
- Reduzir os erros e os índices de reclamações dos clientes em 20% ao ano
- Reduzir os prazos de entrega em 50% ao ano até chegarmos a ciclos diários de produção
- Aumentar a produtividade empresarial em 15% ao ano

Este é um ritmo de melhoria que não recomendo a ninguém que esteja dando os primeiros passos na jornada *lean*, tamanhos são os desafios. No entanto, em média, atingimos essas metas de melhoria todos os anos, de 1992 a 1999, e foi essa melhoria (especialmente a redução nos prazos de entrega aos clientes) que orientou nossa mudança em termos de posição no mercado. E valeu a pena o esforço, como demonstrou nossa inclusão nas "100 Empresas Mais Bem Administradas do Mundo" da revista *Industry Week*, em 1999 e 2000.

O aspecto mais compensador desses empreendimentos de transformação é que todas aquelas companhias se consolidaram e ainda mantêm seu ritmo de progresso. Na Danaher, por exemplo, o progresso *lean* continua a se manifestar em seu vigésimo ano de aplicação e se traduziu no recorde financeiro de 20 anos do grupo, eclipsando a Berkshire Hathaway, de Warren Buffet, como *benchmark* em desempenho financeiro. A HON/HNI também continua com seus processos *lean*, já no décimo quinto ano de aplicação.

Atualmente, sou um investidor em *private equity* (capital de risco) e faço parte das diretorias de cinco corporações privadas nas quais tenho investimentos (Ariens Company, Baird Capital Partners, Simpler Consulting, Watlow e Xaloy). Na Simpler Consulting, além de membro da diretoria e investidor, sou vice-presidente executivo. Não é preciso dizer que a companhia trabalha com a evolução de práticas *lean*. A condição de membro da diretoria deu-me uma perspectiva diferente das questões presentes na implantação de transformações *lean*, pois um membro da diretoria é sempre um consultor que não tem autoridade executiva. Este papel aperfeiçoa meus poderes de persuasão.

Figuro também nas diretorias de três grupos sem fins lucrativos dedicados à expansão do conhecimento *lean*: a Association for Manufacturing Excellence (AME), o Shingo Prize for Operational Excellence e o ThedaCare Center for Healthcare Improvement.

RESUMO

As ferramentas e os princípios que constituem o fundamento do conhecimento *lean* foram originalmente ensinados em um ambiente de produção; a ideia de utilizar esses mesmos princípios e ferramentas de forma ampla era experimental e evoluiu com o tempo. As práticas de liderança discutidas neste livro são também o resultado de várias experiências da vida real. Na maioria dos casos, em cada prática de âmbito empresarial que eu recomendo, houve muitas experiências que tentamos e não deram bons resultados. Assim, o ponto central deste capítulo foi dar ao leitor uma ideia da longa curva de aprendizado e a base para as recomendações e observações em nível de empresa global que surgirão nos próximos capítulos.

2
O QUE É *LEAN*?

Há muitas maneiras (nem todas corretas) de responder a essa pergunta – o que talvez ajude a explicar um pouco da confusão em torno da abrangência do *lean*. Por isso, neste capítulo, descreverei o conceito de *lean* de várias formas, para que o leitor decida por si mesmo qual lhe parece mais adequada.

O QUE A TOYOTA FAZ

A primeira definição é aquela à qual cheguei mais recentemente. Depois de fazer o *benchmarking* das práticas operacionais e gerenciais de muitas organizações, ficou claro para mim que, em qualquer dimensão da prática organizacional, a Toyota era, no mínimo, igual à melhor do mundo. E, mais importante: ela era igual em *cada uma* das áreas da prática ou do *benchmarking* por mim pesquisadas. Esse desempenho fabuloso em todos os aspectos da prática organizacional é o que realmente distingue a Toyota. E é por isso que minha definição do *lean* só pode ser algo como "é tudo que a Toyota faz".

Passei um bom tempo tentando encontrar organizações que praticassem pelo menos uma área de negócios de maneira significativamente superior à Toyota. Não tendo sucesso na empreitada, cheguei à conclusão de que deveria primeiro tentar entender a prática da Toyota antes de optar por um rumo de ação. Isso aconteceu numa época em que não havia muita discussão sobre a Toyota na mídia econômica. A própria Toyota favorecia essa situação, ao tratar com modéstia suas conquistas. Falaremos mais a respeito disso no Capítulo 7, pois essa modéstia é uma das chaves para evitar o que os japoneses chamam de *doença das grandes empresas* – ou, mais especificamente, a arrogância que em geral acompanha o sucesso de uma organização, e que é também a causa-raiz de seu eventual fracasso. Atualmente os mercados financeiros estão *começando* a dar valor à Toyota; sua capitalização no mercado de capitais é hoje maior do que a das outras sete maiores empresas automobilísticas do mundo juntas. Ainda assim, o impulso que a Toyota ostenta leva-me a pensar que o seu valor em bolsa é uma subestimação do seu valor real.

DOIS PILARES

Se você pedir a alguém da Toyota para descrever o Sistema Toyota de Produção – que seria a definição de *lean* da empresa –, certamente ouvirá várias explicações simples e diretas, todas corretas mas partindo de uma perspectiva substancialmente diferente. A falta de uma descrição oficial da prática da Toyota é também uma das razões pelas quais ela ainda não tem tantos seguidores como deveria ter.

Dentre as possíveis descrições que seriam feitas, teríamos que o conceito de *lean* trata de dois *pilares:*

- O conceito e a prática da melhoria contínua
- O poder do respeito pela pessoa

Taiichi Ohno com certeza consideraria as palavras de Henry Ford, destacando que "nossa própria atitude é a de que somos avaliados com a descoberta da melhor maneira de fazer todas as coisas, e deveríamos encarar cada processo empregado na indústria como puramente experimental".[1]

Esse conceito até pode parecer simples, mas é difícil construir uma cultura que o pratique diariamente, em cada processo. E essa cultura é uma coisa pessoal, subjetiva. Quando falam na Toyota sobre "respeito pelas pessoas", trata-se de algo que abrange muitos elementos, inclusive o projeto de um sistema que motive as pessoas a desejar melhorias, ensine a elas as ferramentas da melhoria, e as motive a aplicar essas ferramentas a cada dia. Assim, em certo nível, tudo que a Toyota faz é simplesmente isto: melhoria contínua realizada pelas pessoas.

IDENTIFICANDO E ELIMINANDO O DESPERDÍCIO

Outra definição de *lean* (e do Sistema Toyota de Produção) poderia tratá-lo como uma "simples" prática e processo de identificar e eliminar desperdícios. E, naturalmente, esta também seria uma definição correta.

Desperdício é uma palavra interessante, e na Toyota estão sempre trabalhando para pensarmos a respeito dele de diferentes maneiras. Ohno, enquanto construía o sistema, descreveu sete desperdícios para ajudar seus colegas a "identificar o desperdício":

- Superprodução (fabricar mais ou antes do que o cliente precisa)
- Fabricar com defeitos
- Transportes (nem sempre os materiais ou dados chegam perto de onde o cliente deseja)

- Estoque (armazenamento da superprodução)
- Superprocessamento (a ineficiência clássica que poderíamos estar procurando)
- Tempo de espera
- Movimentação desnecessária

Acredito que a chave dos sete desperdícios não está no fato de constituírem um rol definido de perdas, mas de proporcionarem um ponto de partida para que você modifique sua visão do trabalho e identifique o desperdício nos processos existentes.

O que se busca com essa revisão do trabalho é definir passos como *trabalho que agrega valor* ou *trabalho que não agrega valor* (ou seja, desperdício). Uma forma de pensar a respeito é que os passos que agregam valor *transformam* alguma coisa, seja material num processo de produção ou dados num processo administrativo. Passos que não agregam valor, por outro lado, tendem a mudanças frequentes, envolvem retrabalho, e assim por diante.

Duas perguntas que você pode se fazer enquanto observa cada passo no seu processo de trabalho são: "Se um cliente me visse dando este passo, ele se disporia a pagar por isso?"; "Se eu tivesse dado este passo duas vezes, os clientes se disporiam a pagar também em dobro pelo resultado?". Na primeira vez que você documenta um processo, normalmente constata que 95% do tempo gasto e 95% dos passos de trabalho não agregam valor. Ocorre, porém, que você não tem condições de eliminar de um processo, em uma única vez, todos os passos que não agregam valor. Vejamos o exemplo na **Figura 2.1**, extraído das operações de ThedaCare, um grupo regional de hospitais com sede em Appleton, Wisconsin. Neste mapa inicial da situação, existem vários passos que não agregam valor (mostrados nos boxes mais escuros) que foram identificados como oportunidades para eliminar atividades geradoras de desperdícios. Ao se analisar pela primeira vez um determinado processo, é comum que não se identifique claramente cada passo que não agrega valor. Na verdade, na maioria dessas instâncias, a questão real diz respeito à incapacidade de enxergar o desperdício. É nesse estágio que contar com um *sensei* experiente pode ser de um valor inestimável para a sua organização.

Se você começar a pensar dessa forma, passará a entender que os sete desperdícios representam uma visão abrangente daquilo que uma organização de nível excelente deve tentar atingir. Você também irá constatar que é difícil entender tudo isso a menos que vá ao *gemba* (local de trabalho) e enfrente um *gembutsu* (processo específico) e os passos do trabalho nesse processo. Você deve passar a viver e respirar tudo isso.

Líderes seniores são ensinados a delegar e a não se envolver com detalhes, mas a visão da Toyota vai exatamente no sentido contrário– seus líderes seniores devem não apenas conhecer o trabalho, mas conhecê-lo em profundidade.

O que é *lean*? **61**

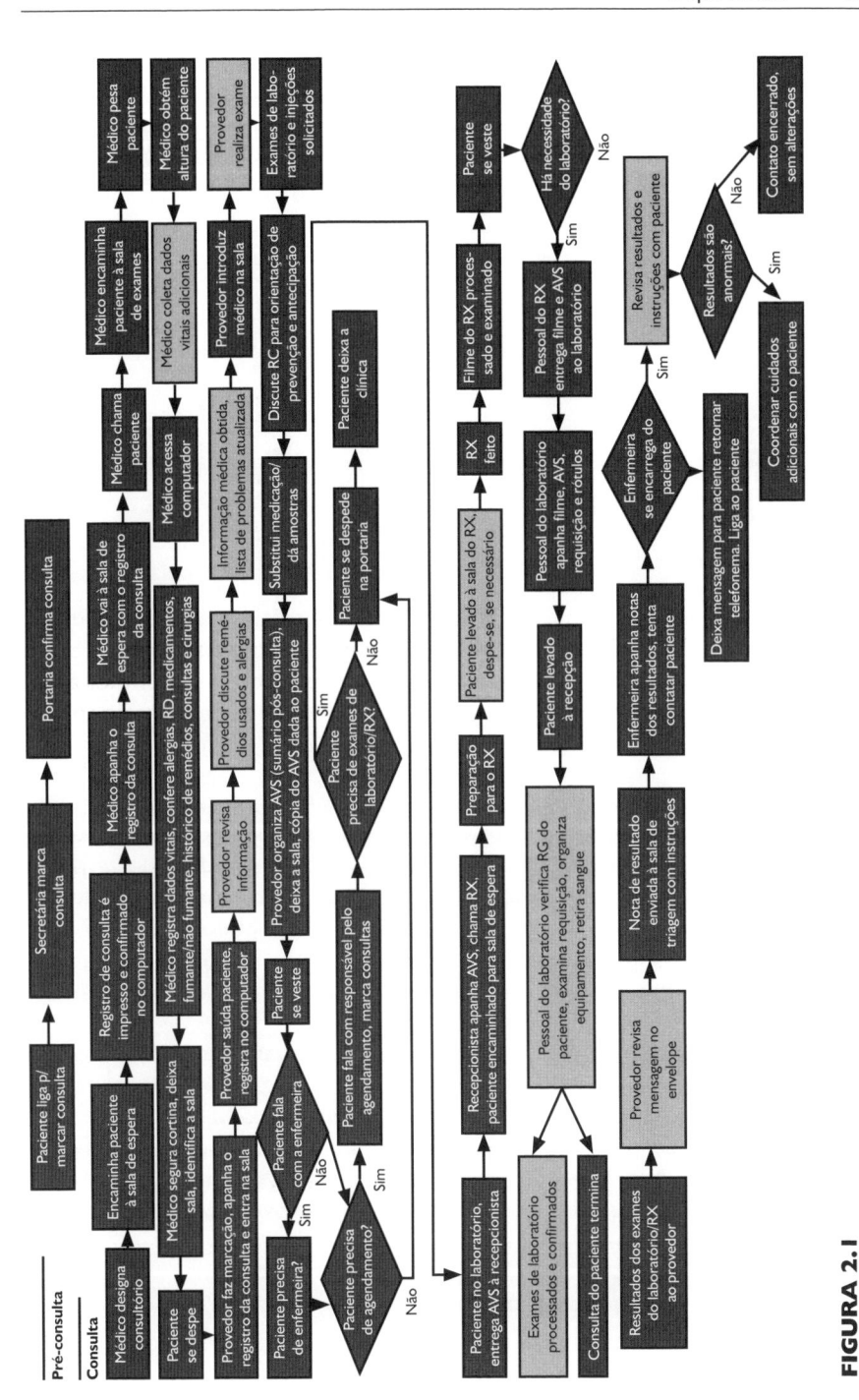

FIGURA 2.1
Identificando atividades que não agregam valor.

Eles conseguem isso frequentando o local de trabalho. Assim, o primeiro passo fundamental para um líder sênior, aquele que realmente pretende comandar uma transformação *lean*, é se tornar um integrante da equipe de melhoria, comentando um processo, passo a passo, e separando as etapas de agregação de valor daqueles que não agregam valor algum. Não há o que substitua os insights proporcionados por esse processo de avaliação, tomando conhecimento de que 95% dos passos não agregam valor, percebendo que é possível remover metade dos passos num evento kaizen de apenas uma semana (ver Capítulo 3). E, então, chegar à conclusão de que cada processo em sua organização se parece com aquele no nível básico de trabalho – e dessa forma o potencial de melhoria é gigantesco.

Ohno dizia que os líderes precisavam aprender a "identificar o desperdício", e acredito que ele tinha em mente o impacto motivacional de constatar o quanto de nosso trabalho *não* produz valor algum para os clientes, notando então que alguma coisa deve ser feita para reverter isso.

Importante: Aprender a "identificar o desperdício", em minha opinião, é o passo mais importante a ser dado por qualquer líder de uma jornada *lean*, e isso é algo que não pode ser feito a partir de seu gabinete. É indispensável se fazer presente no local de trabalho.

UM MÉTODO DE IDENTIFICAÇÃO E SOLUÇÃO DE PROBLEMAS

Outra descrição do *lean* é imaginá-lo como um sistema, destinado primeiramente a identificar problemas, e então resolvê-los no nível de causa-raiz. Dado que 99% ou mais dos nossos problemas diários são "resolvidos" no nível do primeiro sintoma, para voltar a ocorrer de novo, dar-lhes uma solução definitiva ainda no nível de raiz é um grande negócio. Nesse sentido, a chave para o sucesso competitivo é projetar sua organização de maneira a acelerar a espiral de identificação e solução de problemas na causa-raiz. (A espiral de solução de problemas na **Figura 2.2** representa essa ideia.)

Obviamente, essa descrição do *lean* é tão válida quanto as outras. E construir uma cultura de solução de problemas de causa-raiz é algo incrivelmente difícil em meio à correria do dia a dia. Repito: é *incrivelmente* difícil!

Os administradores nos Estados Unidos são treinados para encobrir problemas, e é por isso que, antes de resolvê-los, precisamos primeiro aprender a identificá-los, a admitir que eles existem. Os *sensei* da Toyota dizem que aprender a identificar problemas vale uma "pepita de ouro", porque constitui o começo da próxima melhoria. Mas é assim que você identifica seus problemas à medida que eles surgem todos os dias?

FIGURA 2.2
Melhoria contínua: Espiral da filosofia de gestão.

Tirar uma organização do modelo de "combate a incêndios" – isto é, resolver problemas no nível de causa-raiz em vez de apagar os incêndios que surgem todo dia – é algo extremamente difícil de concretizar, especialmente porque envolve a mudança de comportamentos de adultos. (Essa pode ser uma boa oportunidade para recordar que as tarefas mais difíceis quase sempre são as de maior valor. Elas podem ter os mesmos níveis de dificuldades para outras organizações, e por isso o aprendizado cultural/organizacional pode criar significativas barreiras a que sejam abordadas a partir de uma perspectiva competitiva.)

RESUMO

O sistema *lean* é um sistema de melhoria voltado para pessoas, e pode aperfeiçoar qualquer processo de trabalho. Isso implica que seus princípios/ferramentas e práticas podem melhorar qualquer tipo de trabalho em uma empresa, pertença ela ou não a uma corporação. O objetivo maior de uma transformação *lean* é construir uma cultura de aprendizado que resolva os problemas dos clientes para sempre.

O diferencial é que, enquanto suas ações constroem uma nova cultura, vão também enxugando todos os processos de trabalho e reduzindo qualquer desperdício – eliminando defeitos, agilizando os prazos de resposta, diminuindo a necessidade de força de trabalho, etc. Sendo bem feito, trata-se definitivamente de um processo que vale seu peso em ouro. Não conheço organização que, mediante a aplicação rigorosa de práticas *lean*, não seja capaz de conseguir uma compensação, em três a quatro meses (ou menos), dos custos integrais da implantação – e isso apenas com os ganhos em produtividade.

NOTA

1. Henry Ford and Samuel Crowther, *Today and Tomorrow* (Garden City, NY: *Doubleday, Page & Company*, 1926).

3
A AVALIAÇÃO PODE SER FÁCIL

Um dos fenômenos que sempre me impressionaram ao longo da carreira empresarial é a quantidade de áreas que medimos, ou avaliamos, quando no comando de uma companhia. Na Rockwell, por exemplo, parecia que medíamos tudo. Tínhamos no mínimo 100 medidas ou indicadores principais que eram acompanhados, relatados e revisados a cada reunião mensal. A certa altura, tornou-se claro que todo esse esforço na avaliação tinha um benefício (estávamos em guarda contra tantos indicadores de desempenho que raramente ficávamos para trás em algum deles), por isso, se nossos indicadores de desempenho demonstrassem qualquer deterioração, por mínima que fosse, lá estávamos nós, expondo as vísceras da questão na reunião mensal de revisão. Mas o que também se tornou claro com o tempo foi que, apesar de toda a energia investida com a avaliação, não conseguíamos uma melhoria. Os indicadores eram tantos que nunca se chegava à certeza sobre qual deles poderia apresentar um movimento negativo se empreendêssemos alguma ação. Como resultado de tudo isso, passamos a ter nas avaliações uma espécie de camisa de força. Não poderíamos piorar, mas também acabávamos sem possibilidade de melhorar.

ENTENDENDO AS AVALIAÇÕES
FINANCEIRAS: EXEMPLOS PESSOAIS

Levei um bom tempo para entender quais eram as avaliações financeiras realmente importantes, mas aqui está a evolução do pensamento sobre a questão. Na Deere, na década de 1970, meus consultores eram vários; um deles era Gene Schotanus, o diretor financeiro. Um dos projetos dos quais ele me encarregou foi o desenvolvimento de um modelo de previsão de fluxo financeiro para a Deere, o maior fabricante mundial de máquinas agrícolas. Como se verificou depois, Gene tratou esse assunto com um estilo muito Toyota de pensamento: eu fui encarregado de um problema importante, sem grandes orientações quanto à solução desejada, e o aprendizado surgiu como resultado do esforço para entender, e não de um ensinamento direto. Em termos grosseiros, isso acabou tendo um fluxo de causas típico d'Os Cinco Porquês de Taiichi Ohno.

Assim, quais são as causas de um aumento ou redução do fluxo de caixa para a Deere?

- **Primeiro por que:** Aumentos ou reduções de estoques ou contas a receber são o motivo inicial de uma mudança no fluxo de caixa para a Deere. (A Deere financiava grande parte dos estoques de seus revendedores, por isso os volumes das contas a receber eram imensos – naturalmente, tínhamos níveis de estoques de produção em lotes.)
- **Segundo por que:** As mudanças nas vendas são a causa principal de mudanças em estoques ou contas a receber.
- **Terceiro por que:** As mudanças nas vendas são causadas, em primeiro lugar, por mudanças nas rendas líquidas dos produtores rurais.
- **Quarto por que:** As rendas líquidas dos produtores rurais são geradas, em primeiro lugar, por mudanças na produção de colheitas (embora isso seja de alguma forma contraintuitivo – as reduções na produção das colheitas aumentam a renda líquida principalmente porque uma escassez aceitável força a alta dos preços).
- **Quinto por que:** O tempo é a causa principal das mudanças na produção agrícola em um determinado ano. Infelizmente, sempre que tentávamos chegar ao próximo porquê, acabávamos nos voltando para o impacto das manchas solares no clima e constatávamos não ser possível decifrar o código da previsão global do tempo a longo prazo.

Além de não ter conseguido criar um sólido modelo de fluxo de caixa, esse esforço ajudou a consolidar meu entendimento das conexões entre os elementos da declaração de renda, dos balanços patrimoniais e das declarações de fluxo de caixa.

Outro consultor que tive na Deere foi o presidente da divisão de serviços de engenharia, Jim Lardner. Muitas vezes tivemos longas conversas sobre como uma companhia poderia aumentar a produtividade, o quanto disso dependia das economias de escala, e coisas do gênero. A ideia da produtividade como um motivador financeiro central estava, portanto, profundamente enraizada.

AS MÉTRICAS DO "NORTE VERDADEIRO" DA TOYOTA

Ao estudar a maneira pela qual a Toyota faz a avaliação de seus negócios, fui tomando conhecimento das chamadas métricas do Norte Verdadeiro. Trata-se de um grupo seleto de alguns indicadores de desempenho e se você consegue realizar melhorias em cada um deles ano após ano, "boas coisas resultarão". São quatro as métricas do Norte Verdadeiro: três delas avaliam as dimensões do desempenho da corporação e a quarta (embora seja, talvez, a primeira em termo de importância), o desenvolvimento humano. As métricas de desempenho do Norte Verdadeiro são:

- Melhoria da Qualidade (Q)
- Melhoria da entrega/*lead time*/melhoria do fluxo (D, de *delivery*, entrega)
- Melhoria da relação custo/produtividade (C)
- Desenvolvimento Humano (DH)

O "Norte Verdadeiro" relaciona-se com objetivos de longo prazo que orientam a organização – ao longo de gerações. Assim, a métrica da qualidade como objetivo do Norte Verdadeiro é o defeito zero. Não se trata simplesmente de defeito zero, mas de defeito zero em tudo – em cada processo de trabalho, todos os dias, em cada região. A Toyota sabe que talvez nunca venha a concretizar essa meta, mas jamais deixará de trabalhar incansavelmente para reduzir a distância entre sua situação atual e a situação do Norte Verdadeiro a cada ano. E assim fará, mediante percentagens de dois dígitos, com melhorias típicas de 10 a 30% ao ano em cada área métrica. E deverá ocorrer melhorias em todas as quatro áreas métricas; se você focar apenas em uma dimensão de melhoria, as outras que ficarem para trás poderão levar o conjunto da corporação a um grande tropeço.

A Toyota teme a acomodação. Isso, no Japão, é chamado de *doença da grande empresa* – a arrogância que deriva do sucesso, que leva à acomodação, algo que pode ter como desfecho o fracasso da corporação. As métricas do Norte Verdadeiro são, entre outras coisas, projetadas para evitar que a complacência e a acomodação se instalem no ambiente de trabalho. Na Toyota, você raramente tem notícia da comemoração do sucesso (eles comemoram, mas não é esse o foco principal); o que se vê, na verdade, é um foco na distância restante entre o que a companhia representa hoje e aquele que seria o seu desejado desempenho superior do Norte Verdadeiro. Um importante resultado dessa abordagem de métricas é manter a corporação focada na melhoria, em superar a distância, e, consequentemente, em minimizar o foco na mentalidade do "como somos perfeitos" e a complacência que costumam resultar desse estado de espírito.

Qual seria um bom indicador de desempenho do tempo de execução conforme o Norte Verdadeiro? Lembra da discussão no Capítulo I, em que um processo típico começa com 95 a 99% (ou mais) de tempo e passos que não agregam valor? Quanto ao tempo de execução ou de fluxo, a definição do Norte Verdadeiro é de 100% de tempo de agregação de valor. Quando você tem tempo que não agrega valor no fluxo do processo, tem uma distância em relação ao Norte Verdadeiro e um foco para tentativas de melhoria.

Da mesma forma, o indicador de desempenho do Norte Verdadeiro em produtividade é de 100% de passos de agregação de valor no trabalho. Apesar da probabilidade de que você nunca consiga uma situação em que todos os desperdícios ou passos que não agregam valor sejam eliminados, ainda assim é possível focar a melhoria desse processo todas as vezes que considerar necessário. Recentemente assisti a uma entrevista com um executivo da Aisin Seiki, empresa integrante de um grupo industrial japonês. Depois de 60 anos de melhorias *lean*, a companhia estava focando outro ganho de produtividade de 10% para o ano em questão. Uma melhoria de produtividade na casa dos dois dígitos, ano após ano, durante mais de 60 anos. Para nós é muito difícil imaginar tal situação, mas a verdade é que precisamos aprender a concretizá-la.

E o que dizer a respeito do desenvolvimento humano? A Toyota entende que, para obter-se melhoria contínua nas primeiras três métricas do Norte Verdadeiro, é indispensável haver uma organização na qual todos contribuam para a melhoria. É aí que entra o desenvolvimento humano. Na Toyota, não basta fazer apenas o seu trabalho com um alto grau de desempenho; você também deve melhorar o seu trabalho. A fim de concretizar ganhos de dois dígitos nas métricas do Norte Verdadeiro, ano após ano, a Toyota precisa ter todos os colaboradores da organização treinados em melhoria, motivados para melhorar e com autonomia para fazer isso.

A frase usada na Toyota para descrever essa situação diz que eles precisam praticar *hitozukuri* antes do *monozukuri* – aproximadamente, "produzimos pessoas antes de produzirmos automóveis". Até pode parecer clichê, mas quantas vezes damos essa mesma ênfase à consolidação de nossos recursos humanos a fim de obter os resultados empresariais pelos quais tanto batalhamos? Uma prática de avaliação *lean* precisa incluir a busca dessas quatro avaliações do Norte Verdadeiro.

QUÃO "ALTO" É REALMENTE ALTO?

Conforme discutimos no Capítulo 1, quando comecei na Rockwell era crescente o interesse geral pelo *benchmarking*, e por isso criamos uma pequena equipe para tentar fazer o *benchmark* (comparação) de empresas industriais globais e avaliar os motivadores do desempenho financeiro – tendências em qualidade, ciclo de produção e melhorias na relação custo/produtividade. Alavancando a presença global da Rockwell, tivemos condições de fazer o *benchmark* de empresas de grande porte em todo o mundo. Identificamos cerca de 20 companhias japonesas que apresentavam uma diferença radical nas motivadoras avaliações de melhoria e desempenho financeiro. Todas elas tinham algum tipo de relação muito íntima com a Toyota. Fizemos pesquisas realmente aprofundadas – chegando, inclusive, a contar carros nos pátios das fábricas para confirmar os níveis de ocupação– e constatamos algumas diferenças realmente impressionantes em favor daquelas empresas. A **Figura 3.1** resume as diferenças nos indicadores de desempenho principais (notar que, na época, entendíamos o desenvolvimento humano como um desses indicadores, e por isso ele não aparece na figura).

Os dados revelaram muitos impactos. Acreditávamos que, por ser a Rockwell a líder mundial em fatia de mercado, nossas unidades de negócios seriam sempre os parâmetros no *benchmarking*. E, no entanto, em cada caso, encontramos uma empresa fabricando produtos muito semelhantes com desempenho específico radicalmente superior ao nosso. Na área da qualidade do desempenho, descobrimos organizações que operavam com duas ordens de amplitude de superioridade em qualidade. Ou seja, se estávamos a 10 mil defeitos por milhão, elas estariam a 100 defeitos por milhão. Na área do tempo de fluxo, as empresas padronizadas operavam com um décimo a um centésimo do nosso tempo normal de fluxo, ou seja, obtinham os benefícios de estoques muito mais reduzidos e melhor resposta dos clientes.

A maior surpresa, no entanto, foi constatada na área de produtividade. Esperávamos que essa abordagem de melhoria pudesse aumentar a produtividade da manufatura em cerca de 40%, o que seria impressionante. O que constatamos, porém, foram empresas operando com 400% dos nossos níveis de produtividade – uma ordem de amplitude (dez vezes) maior do que a esperada. Na verdade, analisamos até mesmo empresas que operavam com níveis de produtividade de 500% em relação às nossas empresas que eram líderes globais. Ficamos literalmente sem palavras com o fato de os departamentos administrativos também apresentarem esses mesmos níveis de produtividade.

Sistema	Sistema de lotes	Toyota (*lean*)	
Giro de estoque	3x	30x	Geração de caixa
Índice de reclamações dos clientes	10.000 ppm	100 ppm	transforma a empresa em
Tempo de entrega ao cliente		–95%	uma companhia em crescimento
Espaço		–90%	
Produtividade	1x	4x	Aumento da margem em 2 pontos percentuais ao ano/ durante 6 anos
A MAIORIA NÃO PERCEBE O QUÃO "ALTO" É REALMENTE ALTO			

FIGURA 3.1
Benchmarking de empresas classe mundial.

Em empresas do mesmo porte das nossas, tínhamos 100 pessoas trabalhando na contabilidade encarregadas das contas a pagar, em comparação com as 20/25 dessas concorrentes. Esses números se mantiveram constantes ao longo das empresas com as quais fizemos o *benchmarking*. Vimos, igualmente, que essas companhias japonesas se concentravam em aperfeiçoar seus processos centrais em todas as áreas de pessoal ou administração; em outras palavras, aplicavam em áreas administrativas conceitos *lean* semelhantes aos que utilizavam na produção. Uma observação, porém: a maioria dos funcionários administrativos não está acostumada a ser avaliada em qualquer das métricas do Norte Verdadeiro. Pode até ser que recebam *feedback* sobre uma ou mais dessas métricas, mas o mais provável é que não estejam sendo verdadeiramente "avaliados". Como resultado, é provável que reajam desfavoravelmente a essa noção, pelo menos no começo. Veja, no Capítulo 7, como construir uma cultura *lean*.

Com isso, aprendemos que não precisamos reduzir nossos defeitos em 50%, mas em 99%. Não precisamos reduzir nossos prazos de entrega em 50%, mas em 90 ou 95%. Não precisamos programar um crescimento de nossa produtividade em cerca de 40%, mas em 400%, e precisamos estabelecer essas metas em toda a companhia – em cada função e processo. A tarefa se revelou muito maior do que havíamos imaginado, mas o resultado foi igualmente elevado, bem superior ao que esperávamos. Aprendemos o quanto o elevado pode ser realmente "elevado"!

Hoje, poucos são os executivos que pensam em fazer uma jornada de uma década para gerar melhorias dessa amplitude. E menos ainda os que conseguem ver que esse acréscimo de melhoria precisa acontecer em cada um dos aspectos de um empreendimento – desde o desenho de um produto até a cobrança dos créditos derivados das vendas.

A transformação *lean* funciona em benefício de uma cultura de melhoria contínua, e não de um "programa" destinado a obter ganhos táticos. O conceito *lean* pode certamente ajudar como uma ferramenta tática de curto prazo, mas os maiores ganhos estão na desenvolvimento de um mecanismo de melhoria contínua no centro da sua organização que produza crescimento tanto pessoal quanto organizacional. Esse poderá constituir o seu legado para as gerações futuras.

Na Jake Brake, sabíamos que deveríamos pensar em quadruplicar o ganho de produção, mas não tínhamos certeza de quanto tempo precisaríamos para atingir essa meta. Em função disso, chegamos a um consenso em torno de um prazo de seis anos. Essa marca de seis anos, no entanto, era mais ou menos aleatória, mas mesmo assim proporcionou-nos um fácil objetivo mensal. Se conseguíssemos aumentar a produtividade geral da empresa em 2% ao mês, todos os meses, em seis anos teríamos atingido – e inclusive superado, embora em nível mínimo – nosso objetivo de quadruplicação. Como mostra a **Figura 3.2**, apresentávamos irregularidade de mês em mês, mas conseguimos nos manter no índice dos 2% mensais quase até o fim do segundo ano. Foi aí que nos deparamos com uma recessão na indústria dos caminhões pesados, e nosso volume viu-se reduzido em 30%. No entanto, no fim dos primeiros dois anos e meio, estávamos de volta ao rumo e pouco abaixo da tendência geral dos 2% mensais. Foi então que fui alçado à condição de presidente da nossa divisão automobilística e assumi o compromisso com a jornada *lean* em múltiplas empresas nesse grupo.

Alguns anos mais tarde, meu sucessor na Jake enviou-me o gráfico da tendência, ou curva de produtividade, da **Figura 3.3**. Esse gráfico mostra algumas

Curva da produtividade na Jacobs

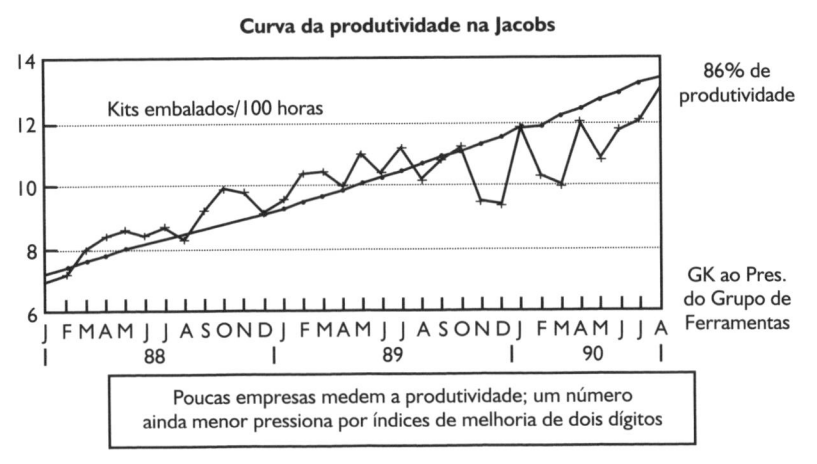

[Gráfico: Kits embalados/100 horas — 86% de produtividade — GK ao Pres. do Grupo de Ferramentas — eixo temporal J F M A M J J A S O N D de 88 a 90]

Poucas empresas medem a produtividade; um número ainda menor pressiona por índices de melhoria de dois dígitos

FIGURA 3.2
Impacto da transformação *lean*: produtividade.

Curva da produtividade na Jacobs

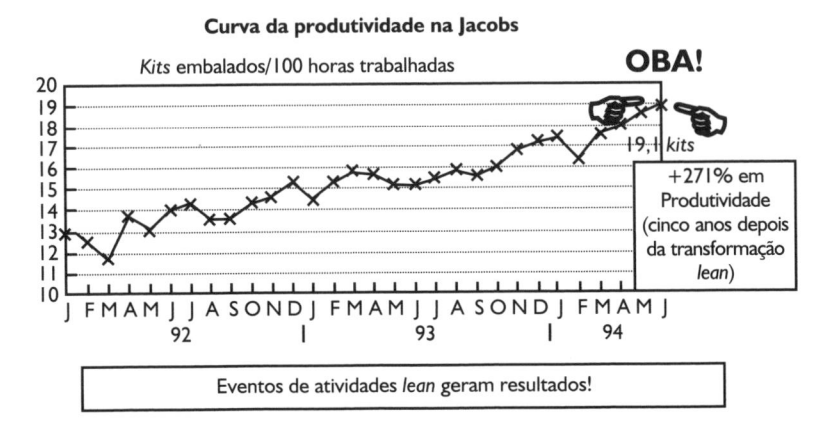

[Gráfico: Kits embalados/100 horas trabalhadas — OBA! — 19,1 kits — +271% em Produtividade (cinco anos depois da transformação *lean*) — eixo temporal de 92 a 94]

Eventos de atividades *lean* geram resultados!

FIGURA 3.3
Impacto da transformação *lean*: produtividade.

coisas muito interessantes. Se você se fixar na data do lançamento e na produtividade, poderá constatar que, depois da minha saída, houve 18 meses sem ganhos. A equipe de gestão não se mostrou totalmente empenhada em seguir o caminho *lean* – nem a atividade dos eventos *kaizen* nem a disciplina para gerar resultados. Algum tempo depois, no entanto, a equipe se conscientizou de que todas as métricas haviam diminuido, e com isso retomou sua jornada *lean* fazendo eventos *kaizen* de uma semana com todas as equipes da empresa. E, nos dois anos e meio seguintes, a Jake voltou à mesma curva de produtividade crescente de 2% ao mês.

Àquela altura, com cinco anos de trabalho no processo, a produtividade havia aumentado em mais 270%, e o objetivo da quadruplicação já parecia possível. Quando do décimo aniversário da jornada *lean* na Jake, em 1998, a produtividade da companhia era 470% superior à do ponto de partida de todo o projeto.

Como se não bastasse, à medida que a produção crescia, os tempos de entrega e a qualidade igualmente apresentavam melhorias. À medida que aumentávamos nossos fluxos e resolvíamos os problemas que antes emperravam a produtividade, descobríamos que nossos indicadores de desempenho indiretos de qualidade – descarte e retrabalho – também se reduziam, como visto na **Figura 3.4**. Em um primeiro momento, esses ganhos eram um benefício indireto da eliminação de passos sem agregação de valor; ao eliminar esses passos do processo, eliminávamos a possibilidade de um erro. Por volta do final do segundo ano, contudo, esses benefícios indiretos tiveram uma redução, e nos vimos forçados a dar início a práticas de análise e solução de problemas de qualidade

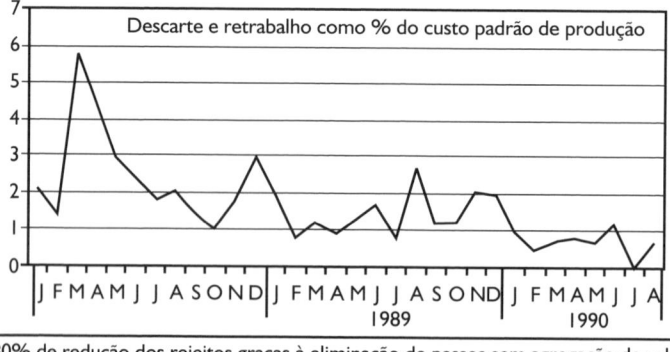

FIGURA 3.4
Impacto da transformação *lean*: qualidade.

para manter nossa tendência ascendente. No conjunto, ao final do primeiro período de dois anos e meio, experimentamos uma redução de 80% nos problemas referentes à qualidade.

O tempo de atravessamento (*lead time*) era o foco central dos nossos esforços de melhoria. Quando começamos com a jornada *lean*, nossa remessa era de lotes mensais do produto, e os prazos de entrega tinham atraso médio de mais de um mês (ver a **Figura 3.5** para conferir essa tendência). Nossos clientes, entre eles empresas como Caterpillar e Cummins, tentavam aprimorar suas linhas de produção de motores, mas o desempenho de nossa entrega causava um verdadeiro caos para elas. Assim, fizemos um primeiro exame de todos os nossos fluxos de valor da produção (ver Capítulo 4) e reduzimos os tempos de atravessamento em 50%.

Isso tudo exigiu cerca de seis meses de grandes esforços. Depois, começamos a trabalhar todos os nossos fluxos de valor novamente e reduzimos quase pela metade os tempos de atravessamento. Mais uma vez, começamos tudo de novo, reorganizando nosso equipamento e reestudando cada processo de produção pela terceira vez, utilizando cerca de metade do tempo restante. Fizemos isso mais duas vezes nos primeiros dois anos e meio, e conseguimos passar de lotes de um mês para lotes de duas semanas; depois para lotes de uma semana, de dois dias e meio, de um dia apenas. Assim, no fim do segundo ano, tínhamos um ciclo diário, fabricando cada produto todos os dias, com apenas um dia de tempo de atravessamento como resultado desse esforço.

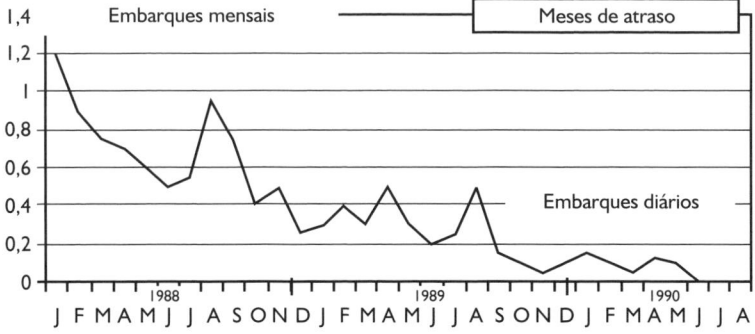

Desempenho da entrega

- Mudança em dois anos e meio de uma entrega por mês para entregas diárias
- Mudança de 0% no prazo para 100% no prazo

Redução de 95% no Tempo de Produção/Tempo de Entrega

FIGURA 3.5
Impacto da conversão *lean*: entrega.

Custou-nos outros seis meses de trabalho chegar a 100% de pontualidade, com o prazo de entrega ao cliente de um dia. Em outras palavras, a Caterpillar passou a poder ligar para um integrante de uma equipe via celular, informar a essa pessoa quantos freios seriam necessários para o dia seguinte, e os freios seriam então despachados dentro de 24 horas – isso, o tempo todo.

Se for difícil acreditar nesses números, basta dar uma olhada na aplicação do *lean* pela Danaher Corporation desde os primeiros esforços da Jake Brake, no já distante ano de 1987. O que se verá é que a aplicação do Danaher Business System (DBS) aos negócios centrais, e depois disso a cada nova empresa adquirida, acabou levando a uma combinação de vendas e crescimento de ganhos de cerca de 25% ao ano, com um alto índice de consistência. Esse é o melhor registro de desempenho no mundo corporativo da América; é superior, inclusive, ao da Berkshire Hathaway, de Warren Buffet, e ao da GE, entre outras. O jornal *USA Today* destacou, em 2007, que o índice de retorno sobre uma ação da Danaher comprada nos primeiros dias na Jake Brake chegava a mais de 44.000%! Como sempre, uma liderança consistente é um fator primordial para esse sucesso. Larry Culp, CEO da Danaher, esteve envolvido com a aplicação do DBS na empresa desde o princípio, e continua a proporcionar lá uma sólida liderança nesse sentido.

AS QUATRO MÉTRICAS DO "NORTE VERDADEIRO" EM DETALHES

Passemos agora a explorar mais detalhadamente cada um dos indicadores de desempenho do "Norte Verdadeiro".

Melhoria da qualidade

A melhoria da qualidade é como aquele bolo que só a sua mãe sabe fazer. Todos concordam que é indispensável. São poucas as companhias, porém, que parecem motivadas a buscar a melhoria de sua qualidade. Como muitos dos líderes seniores aparentemente dão mais importância à declaração de renda e ao equilíbrio receita x despesa – métricas essencialmente financeiras –, considero de grande utilidade fazer uma conexão entre elas. Um estudo que teve grande impacto em minha visão da qualidade foi o *PIMS Principles,* de Buzzell e Gale[1] que analisou uma ampla variedade de estratégias e práticas de negócios em cerca de 300 empresas, com o objetivo de buscar estratégias que sempre dessem bons resultados. Depois de um estudo exaustivo, eles encontraram duas estratégias sempre correlacionadas com um alto retorno sobre o investimento (ROI).* Uma

---

* N. de R.T.: ROI é a sigla em inglês para *Return On Investment.*

delas era a elevada fatia de mercado. Uma estratégia bem conhecida. Trata-se do princípio que fundamenta a decisão de adquirir apenas a empresa situada em primeiro ou segundo lugar no *ranking* industrial em que você está comprando. Basicamente, eles constataram que a elevada fatia de mercado quase sempre estava ligada com o maior ROI. Descobriram, porém, outro fator: a alta qualidade, segundo a percepção dos *clientes*, sempre estava correlacionada com o maior ROI.

À medida que você se movimenta da direita para a esquerda na **Figura 3.6**, avança da fatia mais baixa de mercado para a fatia mais alta, e as barras do ROI aumentam à medida que você se desloca da direita para a esquerda. Contudo, à medida que você se movimenta da frente para trás no diagrama, está se movendo da qualidade inferior, como tal percebida por seus clientes, para a qualidade média e dali para a qualidade superior. E à medida que você cresce na escala de qualidade, cresce também na escala ROI, não importando saber em qual nível de fatia de mercado se encontra. Se, por exemplo, você constituir uma empresa de baixa fatia de mercado, mas tiver qualidade superior, irá gerar um ROI de 20%, que já é um bom retorno. E se você estiver numa empresa de alta fatia de mercado com qualidade superior, seu ROI aumentará para 38% – uma ótima taxa de retorno. Assim, não importa qual é a posição da sua indústria hoje, a qualidade superior irá gerar os melhores retornos. Dessa forma, com esses dados como moldura de referência, você poderá pensar em mirar ganhos de qualidade de dois dígitos – em caráter permanente – com a convicção de que esta é uma grande decisão de negócios.

Outro exame da qualidade e de como manter o foco sobre ela vem do estudo *Technical Assistance Research Program* (TARP). Os pesquisadores participantes comprovaram que, em média, "dos clientes que se sentem lesados

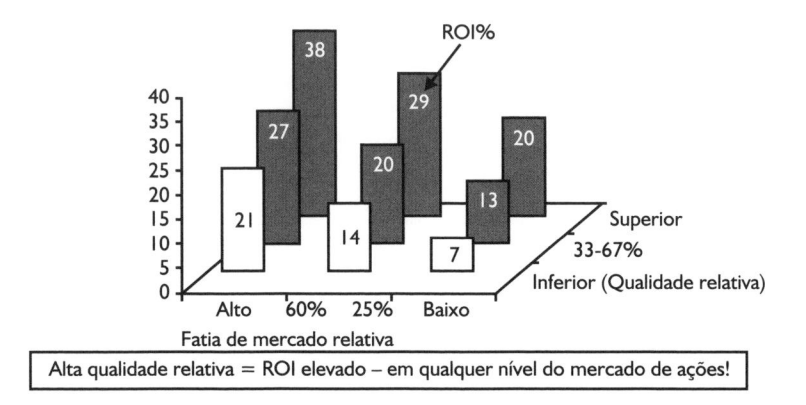

FIGURA 3.6
Impacto da transformação *lean*: ROI.

por defeitos, funcionamento inadequado ou outros problemas básicos de qualidade... 90% vão embora sem dizer nada, mas não voltam mais"; 85% desses também relatam "a pelo menos outras nove pessoas sua decepção... e os outros 15% verbalizam sua decepção a pelo menos outras 20 pessoas".[2] Em muitas ocasiões, encontrei engenheiros de produção esperando que se acumulasse um número considerável de reclamações de clientes para só então entender que aquilo constituía um problema merecedor de suas atenções. Entretanto, se você fizer os cálculos corretos, verificará que cada reclamação que ouvir já significará algo parecido com 10 problemas reais de qualidade e 130 clientes potenciais que foram advertidos, por vias tortas, sobre questões de qualidade afetando os seus produtos. É por isso que os gurus japoneses da qualidade ensinam seus discípulos a tratar todas as questões que envolvam qualidade como se fossem *pepitas de ouro*; elas representam uma oportunidade de progredir e, ao mesmo tempo, constituem a ponta do *iceberg* da questão da qualidade que está em jogo.

No lado positivo, o renomado consultor de gestão Paul Bender constatou que "o custo de transformar um cliente existente em um cliente que retorna representa um sexto do custo de conquistar um novo cliente". Assim, a melhoria da qualidade é o mais barato dos custos de vendas e planos de *marketing* que você pode empreender.

A melhoria contínua de qualidade é uma estratégia de crescimento, e o processo *lean* é considerado mais como uma estratégia de crescimento, em primeiro lugar, e uma estratégia de melhoria de custos, em segundo. O processo *lean* torna-se bem mais poderoso quando você o aborda dessa forma.

Melhoria da entrega/*lead time*/fluxo

A maioria dos executivos, ao pensar a respeito dos ganhos potenciais com a implantação do processo *lean*, vai diretamente aos níveis de redução de estoques que esperam conseguir. Embora esse seja um conceito verdadeiro e comprovado, além de um indicador de desempenho apropriado a ser buscado, por si só, o estoque é apenas a ponta do *iceberg* do fluxo. O *iceberg* é, realmente, o benefício para os clientes em ter um fornecedor confiável. Melhorias estruturais no tempo de entrega/*lead time*/tempo de ciclo/tempo de reação não são normalmente vistas pelos executivos como elementos de valor significativo. Em quase todas as organizações por mim analisadas, esta crescente receptividade à questão dos estoques tem sido de imenso valor para os clientes e constitui um dos principais motores do crescimento dos produtos topo de linha.

No livro *Competing Against Time*, George Stalk e Thomas Hout[3] revisaram o impacto da redução do tempo de ciclo (isto é, fluxo) sobre o crescimento da indústria. Como regra geral, constataram que reduzir os *lead times* para os clientes em 75% significava que a empresa realizadora desse feito avançaria a um índice de crescimento que seria de 2 a 4 vezes maior do que o índice de crescimento do seu setor industrial, como representado na **Figura 3.7**.

Assim, se você estiver em um setor industrial com ritmo de crescimento de 3%, com a redução de seus *lead times* poderá ascender a um índice de crescimento de 6 a 12% nos negócios. A alavancagem financeira desse tipo de crescimento – especialmente quando combinado com outras dimensões da melhoria *lean* – é incomensurável. Na década de 1990, a HON avançou do quinto para o segundo lugar no setor da indústria de mobiliário de escritório mediante a aplicação dessas lições de reduzir o *lead time*, aumentando seu índice de crescimento estrutural de 4% para mais de 12%. Na Watlow Electric, que produz aquecedores semipersonalizados, esse conceito foi aplicado em uma de suas unidades de negócios, que quase sempre precisava desenvolver projetos exclusivos para uma determinada aplicação do cliente. No começo de sua jornada, a Watlow esperava um crescimento significativo de produtividade e pretendia focar seus esforços *lean* como uma estratégia de crescimento para dispensar recursos humanos. Como consequência, em vez de simplesmente trabalhar no gerenciamento do *lead time* da produção, a Watlow decidiu iniciar com seus processos mais antigos voltados para o cliente. O resultado disso é que a indústria levava um mês para responder a uma cotação. Uma vez aceito o preço, transcorreria mais um mês para concluir os desenhos de engenharia para que eles pudessem ser revisados pelo cliente. A essa altura, era necessário mais um mês para a fabricação de um protótipo que o cliente tivesse condições de inspecionar para a aprovação final. As taxas de ganho ficavam tipicamente na marca dos 15% para todo o processo. O esforço *lean* inicial foi focado em analisar cada um desses processos – cotação do produto, projeto de engenharia e construção do protótipo. O objetivo inicial era estudar cada processo três vezes. Esperava-se que cada estudo completo de cada um desses três processos principais pudesse reduzir os passos do processo em cerca de 50% e o tem-

Companhia	Negócio	Diferença de lead time	Crescimento Médio
Atlas Door	*Portas industriais*	66%	5x
Ralph Wilson Plastics	*Laminados decorativos*	75%	4x
Thomasville	*Mobiliário*	70%	2x

O lean *pode reduzir o* lead time *de todos os processos críticos envolvendo clientes: Desenvolvimento de produto/Engenharia aplicada/Aceitação do pedido/Ação corretiva*

FIGURA 3.7
Redução do *lead time* em 75%: crescendo de 2 a 4 vezes o ritmo do setor industrial.

po total do processo também em cerca de 50%. Quando essa condição fosse alcançada, seria feito um reestudo para eliminar os seguintes 50% de passos e prazos. Posteriormente haveria um terceiro reestudo, para conseguir 50% do que restava para garantir que eles sempre pudessem reagir com prazos no mínimo 75% menores do que os da concorrência, em cada passo. Assim, em termos grosseiros, cada processo foi reduzido daquele esforço de um mês para uma semana.

Agora, pensemos na engenheira do cliente que está tentando concluir seu projeto. Ela tem mais do que acredita que pode fazer (caso contrário, haveria engenheiros de sobra trabalhando lá, não é verdade?) e está provavelmente atrasada quanto aos prazos iniciais. Assim, ela emite um pedido de cotação para o aquecedor especial de que necessita. E, uma semana depois, recebe a cotação da Watlow. Como ainda não viu outras cotações, ela manda o processo continuar. Então, uma semana depois, está com as plantas de engenharia da Watlow. Ela ainda não viu cotação alguma de qualquer outra firma, por isso manda a Watlow fazer um protótipo. E, uma semana mais tarde, tem um protótipo da Watlow, mas continua sem ver cotação inicial de outras empresas. Dado que a Watlow é reconhecidamente um vendedor de qualidade, é quase óbvio dizer que esse negócio de engenharia vai ser feito pela Watlow. Na realidade, no primeiro ano depois da implantação desse processo, esse negócio com crescimento de 3% alcançou um índice de crescimento de mais de 15% e era hora de começar o trabalho de produção *lean* para lidar com o volume dos pedidos.

Ainda fico espantado com o fato de não ser esta a resposta normal de uma organização. Por exemplo, a indústria de maior crescimento atual em que se pode aplicar o processo *lean* é a da saúde, e os médicos se mostram sempre surpresos ao aprender que "os entrevistados disseram que prefeririam ir mais longe, pagar mais e até mesmo trocar de médicos, se isso significasse um serviço mais ágil".[4] Mesmo assim, é sempre um choque para as organizações da saúde o fato de que agilizar o fluxo dos pacientes faria uma grande diferença.

Pense também no impacto do cruzamento dos tempos de fluxo em outras áreas. Você já constatou que um fluxo mais ágil pode provocar o crescimento de um empreendimento. Agora, leve em conta o impacto do fluxo sobre a capacidade. Quando o trabalho flui, você precisa menos de praticamente tudo. Um exemplo é a Marinha Real Britânica, que deu um primeiro passo completo para o sistema *lean* em um de seus porta-aviões, o *HMS Illustrious*. Ao estudar e redesenhar cada processo – desde como construir armamentos até como prender seus aviões, ou mesmo preparar as frituras nas cozinhas de bordo –, a Marinha Real conseguiu aumentar o fluxo desse navio em dois terços, e isso significa que ele se tornou capaz de manter cerca de 70% mais aviões no ar em comparação com seu desempenho histórico. Nesse caso, o esforço *lean* praticamente proporcionou à Marinha Real um porta-aviões gratuito – navio, tripulação, aviões, e o restante, simplesmente mantendo tudo em seu fluxo normal. E estamos falando de mais de 1 bilhão de dólares. O comandante Alan Martyn, da British Royal Navy (hoje reformado e trabalhando como *sensei* da Simpler), liderou os projetos de transformação *lean* a bordo do *HMS Illustrious*. Também podemos usar o exemplo da ThedaCare, uma organização hospitalar, na jornada *lean*. Ela usou ferramentas e práticas *lean* fundamentalmente para redesenhar a maneira pela qual o hospital opera na interface com o paciente. O resultado desse redesenho foi que o paciente passou a fluir pelos procedimentos necessários com menor tempo de espera e menos obstáculos. Isso resultou em reduções de cerca de 80% em erros com impacto sobre o paciente médio, 30% no tempo de permanência do paciente, e mais de 30% no custo médio de internação. Assim, o fluxo não apenas proporcionou maior qualidade e maior satisfação ao paciente, como também reduziu os custos em mais de 30%, além de aumentar a capacidade do hospital em outros 30%. Esse tema será recorrente – a sinergia do processo *lean* trabalhando em conjunto nas múltiplas dimensões do desempenho do Norte Verdadeiro.

O ponto central consiste em que a métrica do Norte Verdadeiro de entrega/*lead time*/flexibilidade pode ser um grande motivador de crescimento. Como a melhoria contínua da qualidade, a melhoria do *lead time* assemelha-se a uma arma secreta – não parece ser, mas é.

Melhoria da relação custo/produtividade

Examinando a declaração de renda da maioria das empresas, constata-se que existem apenas duas categorias de custos que abrangem mais de 90% do total. São elas:

1. compras externas e
2. custos derivados do efetivo necessário para tocar os negócios.

Muitos analistas focam as compras externas, porque essa é geralmente a categoria de maior volume. Em muitos casos, no entanto, embora as compras externas constituam a maior área individual de custos, pode ser muito difícil criar vantagem competitiva neste setor.

Compras externas

Grande parte das compras externas de qualquer empresa (como aço e resina plástica, por exemplo) é orientada pelos custos do mercado global de *commodities*, o que ocorre com todos os concorrentes. Quando você precisa de componentes de montagem específicos para os seus produtos (injetores de combustível nos carros, rodízios para fabricantes de poltronas, entre outros), normalmente constata que esses itens são produzidos por indústrias especializadas que os vendem também aos seus concorrentes diretos. Fica muito difícil convencer esse fornecedor a adotar o desafio da verdadeira transformação *lean*. No Japão, a Toyota é proprietária ou acionista majoritária dos principais fornecedores, e muitas vezes coloca executivos aposentados da própria corporação no comando deles (como o pessoal nessas empresas costuma dizer, o executivo recém aposentado da Toyota "desce dos céus" e cai direto na sua presidência). No exterior, onde raramente detém o controle acionário ou até mesmo o comprometimento das lideranças com suas metas, a Toyota tem enfrentado consideráveis dificuldades para fazer esses fornecedores adotarem seu sistema. Em minha avaliação da situação, apenas um de cada vinte CEOs está realmente preparado para encarar o trabalho e os riscos de uma transformação *lean*. Com isso, você pode investir tempo demais tentando convencer os fornecedores a seguirem o caminho pretendido para, no final, deparar-se com um insucesso. Além disso, se você conseguir ser bem-sucedido, poderá ter de assistir à aplicação dos resultados de sua melhoria aos negócios do fornecedor com seus concorrentes diretos, que serão assim beneficiados sem esforço e sem custos, minimizando a vantagem competitiva na aquisição de suprimentos.

Pessoas

Se você examinar todas as linhas da sua declaração de rendimentos ou custos, verificará que 90% das que não são compras externas são determinadas, com o tempo, pela quantidade de pessoas necessárias para tocar o empreendimento. Não fazia muito que eu estava na Rockwell, quando a indústria automotiva entrou numa de suas crises cíclicas e perdemos metade de nossos negócios, ficando obrigados a reduzir todos os custos à metade. Tentamos de todas as maneiras descobrir como reduzir o custo de tudo – correspondência, telefones, computadores, etc. E acabamos constatando que todos eram, na realidade, em função da quantidade de pessoas empregadas. Embora a lição tenha sido aprendida por força de uma amarga experiência de enxugamento de pessoal, ela nos ensinou que, se pudéssemos crescer *sem aumentar* o pessoal, não estaríamos apenas economizando o custo visível de salários e benefícios, mas também poderíamos manter reduzidos os custos em espaço de escritório, telefones, computadores, tamanho e número de salas de reuniões, etc.

É difícil encontrar algo que não seja orientado pelo número de pessoas empregadas no local. Então me dei conta de que o motivador principal dos custos internos (mais de 90%) é a produtividade (nossos custos controláveis; os custos que realmente determinam nosso valor agregado e nossa vantagem competitiva).

Embora falemos bastante sobre produtividade, poucos são os executivos seniores que se dedicam a tentar entender a maneira de medi-la. E raras as organizações que demonstram seriedade quanto ao estabelecimento de objetivos de melhoria para produtividade e motivações para atingir ou superar tais metas. Isso que a produtividade é o único dos grandes motivadores de custos controlável e que pode determinar a vantagem competitiva a longo prazo.

Assim, o custo do valor agregado de quase todas as organizações é determinado principalmente pela sua produtividade. Compras externas não costumam distinguir a vantagem competitiva; pelo contrário, é aquilo que você deve fazer com seus custos que agregam valor – seu pessoal – na transformação de seu material ou informação que determina sua efetividade e competitividade com valor agregado. Isso é produtividade.

Pense da seguinte forma: o conceito básico atrás de todos os indicadores de desempenho da produtividade é o do *output* por *input*.* O *output* é seu valor fundamental, seja ele composto por freios produzidos ou por pacientes curados ou índices sustentáveis de partidas para um avião comercial. O *input* são os recursos humanos – sempre. Você não precisa se preocupar com quanto ganha cada pessoa, mas sim com o total de horas de recursos humanos necessário para produzir uma unidade de *output*. Por exemplo, quando eu estava na Jake Brake, contávamos todos os mensalistas como 40 horas de *input* por semana e todos os horistas como horas trabalhadas. Sentimos que era mais importante obter um indicador de desempenho do empreendimento que incluísse todos os participantes da organização, em vez de contar a diferença em taxas de pagamento por pessoa. Assim, nosso indicador de desempenho da produtividade era o número de horas por freio de motor.

Outro exemplo a ser citado é o da HON, em que havia um *mix* de produtos a ser trabalhado. Estávamos tentando comparar unidades de negócios que faziam mesas de escritório de verniz com outras que faziam cadeiras, e outras que produziam arquivos de metal. Nesse caso, usávamos o valor-dólar do produto como nosso *output* e as horas como *input*. O indicador de desempenho acabou sendo X dólares de vendas por participante-hora. Então, mantivemos um arquivo dos preços originais das unidades, de tal forma que aumentos ou reduções nos preços não fossem tomados como ganhos ou perdas em produtividade. No final do processo, isso se tornou uma unidade de avaliação de desempenho.

Na situação de executivo, você irá descobrir que pode conseguir retorno com rapidez para melhorias tanto em qualidade quanto em *lead times*. Mas também irá encontrar obstáculos consideráveis à melhoria da qualidade. Afinal, para

---

* N. de R.T.: Em um sistema de produção, a palavra "input" caracteriza todas as entradas no sistema, tais como recursos humanos, equipamentos, insumos e matérias-primas necessárias para a produção, enquanto a palavra "output" caracteriza as saídas na forma de produtos e serviços, sendo o resultado da combinação dos fatores de produção.

conseguir ganhos reais em produtividade, você precisa redesenhar o trabalho do dia a dia das pessoas, e isso é gerenciamento de mudança em alta escala.

Um princípio básico é o que determina que você irá gastar, por exemplo, 30% do tempo orientando seu esforço de melhoria *lean*. A constituição desses 30% poderá ser vista desta forma:

- 10% do total para colocar a organização no rumo das metas de qualidade
- 10% para metas de *lead time*
- 10% para metas de desenvolvimento humano
- 70% para encontrar o caminho da produtividade

Gerentes seniores normalmente não estão acostumados a medir a produtividade e têm pouca experiência em melhorá-la, pois isso significa aprender novas práticas e novas atitudes, o que não é nada fácil. Mais ainda, boa parte da equipe administrativa nunca teve sua produtividade avaliada – e nem pretende ter!

A Toyota tem um manual para os líderes de seus principais fornecedores. Nele, destaca: "Produtividade: é uma questão de vida ou morte... companhias mais eficientes que os concorrentes na entrega aos clientes de produtos e serviços de alta qualidade irão prosperar. Companhias menos eficientes que seus concorrentes tendem a perecer". A experiência mostra que, embora qualidade e *lead times* possam proporcionar crescimento, a produtividade é fundamental na questão da melhoria das margens de ganhos.

Desenvolvimento humano

Por trás do conceito de todas as métricas do Norte Verdadeiro está o de pessoas estudando seu trabalho e tratando de aperfeiçoá-lo continuamente. Isso significa que é preciso começar por elas. Como se costuma dizer, "as coisas difíceis são fáceis, e as coisas fáceis são difíceis". Construir uma cultura de melhoria contínua para sustentar uma transformação *lean* é uma tarefa hercúlea. Como diz a Toyota, "nós fazemos primeiro pessoas e depois carros". O Capítulo 7 irá abordar o lado da cultura/desenvolvimento humano e as principais atitudes de liderança que dão sustentação a uma cultura de aprendizado *lean*, mas, por enquanto, limitemo-nos ao início do empreendimento da transformação de uma organização.

Em primeiro lugar, a organização precisa aprender novas ferramentas e práticas de trabalho *lean*, e construir a aceitação do processo de mudança em seu conjunto. Se você contasse com pessoas que conhecessem todo os conceitos *lean*, elas estariam aplicando-os e difundindo-os em seu trabalho/empresa.

Mas não é o que acontece. Apesar de todos os comentários e discursos a respeito do sistema *lean*, você deve ser realista e considerar que serão escassos o verdadeiro conhecimento e/ou a experiência das pessoas em sua empresa diante dessa mudança.

A chave para a construção do aprendizado *lean*, a aceitação do *lean* e os resultados *lean* é a participação pessoal, de tempo integral, em uma equipe de aperfeiçoamento. A Toyota investiu muito tempo tentando várias formas de obter "resultados + aprendizado + mudança de atitude (cultura)". No final, descobriu que um evento *jishukin*, ou esforço focado de uma semana, era a maneira mais eficiente, e talvez única, de atingir estes três tipos de impacto: resultados financeiros, oportunidades de aprendizado e mudança cultural. Um esforço típico de uma semana envolve uma equipe de 6 a 8 pessoas focadas *em tempo integral* na melhoria de uma parte básica de um fluxo de valor.

Os poucos esforços de transformação *lean* verdadeiramente bem-sucedidos que você pode usar como parâmetros (*benchmarks*) são caracterizados pelo uso de esforços de melhoria de uma semana. Para os líderes seniores, não há coisa mais convincente do que testemunhar o desperdício com seus próprios olhos. Uma coisa é falar a respeito do *lean*; outra, totalmente diferente, é imergir em um processo de trabalho de sua própria organização e identificar todos os passos com e sem valor agregado – e constatar que 95% ou mais da operação são preenchidos por tempo que não agrega valor (em outras palavras, desperdício). Essa experiência pessoal – identificar como o desperdício realmente é (e saber que ele está por todas as partes) – é o motivador principal da liderança para comandar a melhoria.

Ser participante de um evento igualmente ensina novas ferramentas e práticas do mundo *lean*. Alguns anos atrás, a Toyota da América do Norte fez uma *hansei* (uma profunda reflexão) a fim de avaliar seu avanço na concretização do Modelo Toyota em suas empresas norte-americanas. Afinal, pessoas vinham sendo selecionadas e treinadas para trabalhar daquela forma havia mais de 25 anos. O resultado da *hansei* foi que havia sérias preocupações a respeito da profundidade do entendimento e do comprometimento real com o Modelo Toyota. A ação corretiva foi uma retomada do foco no uso dos eventos *jishukin*. Muitos líderes da Toyota se consideravam geradores de melhoria, mas haviam perdido de vista a força do *jishukin* no aprendizado e na construção da cultura.

Por isso, durante uma transformação *lean*, um indicador fundamental na área do desenvolvimento humano será, sempre, a participação em eventos. A meta é conseguir alcance (visando à aceitação) e profundidade (esta vem das pessoas que perfazem mais de uma centena de eventos de experiência e chegam a um entendimento e crença profundos nessa mudança – essas pessoas serão os seus futuros *sensei*, ou professores eméritos). Estudos estatísticos mostraram que, depois de duas experiências com eventos, surge um alto nível de aceitação do processo geral da transformação *lean*. Por isso, a organização deve tentar envolver o maior número possível de pessoas na experiência de dois eventos bem conduzidos, e tão logo quanto possível.

Existem outros indicadores nesta área; por exemplo, a segurança seria um indicador fundamental. Mas aquela que constituirá uma real novidade na organização será a acumulação de aprendizado e de experiência de mudança cultural que decorre dos eventos de implantação *jishukin*.

RELACIONANDO AS MÉTRICAS DO "NORTE VERDADEIRO" COM AS AVALIAÇÕES FINANCEIRAS

Tentemos relacionar as quatro métricas do Norte Verdadeiro com nossas avaliações financeiras normais. Em primeiro lugar, pensemos de acordo com os itens principais de uma declaração de rendimentos:

- **Vendas:** Em uma transformação *lean*, o objetivo principal é movido por melhorias na qualidade, no *lead time* e no processo de desenvolvimento de novos produtos.
- **Custo das vendas:** O custo das vendas é movido principalmente por ganhos em produtividade. Um aumento de 100% na produtividade se traduz em uma redução de 50% em todos os custos com pessoal. Chegar a essa situação é algo que pode levar vários anos, mas acaba acontecendo. E será em grandes proporções.
- **Custos de vendas, gerais e administrativos:** A grande maioria desses custos decorre de custos pessoais. Quando se dobra a produtividade, os custos são cortados pela metade.
- **Custos de financiamento:** À medida que o processo *lean* tem impacto favorável no balanço patrimonial, o empreendedor vê seu débito diminuir ou o valor de suas ações em bolsa aumentar; seja como for, os custos de financiamento estão em um rumo seguro.

Agora, um rápido exame de alguns dos impactos sobre o balanço patrimonial:

- **Capital de giro:** Com o incremento dos giros dos estoques, constata-se que o capital de giro necessário para sustentar determinado nível de vendas é reduzido. Gerenciando-se o processo, torna-se igualmente possível tirar vantagem de parte das melhorias do *lead time* no sentido de obter prazos menores de pagamento dos seus clientes, algo que igualmente reduz o capital de giro exigido.
- **Capital imobilizado:** À medida que se constrói o fluxo, descobre-se que os equipamentos e as construções existentes podem produzir com

maior volume. Uma típica empresa *lean* tem a metade da necessidade de capital de uma firma "normal" no mesmo setor; e empresas *lean* avançadas, que usam elementos como o 3P para reinventar seus processos em formato *lean*, podem operar com 25% das normas da indústria em relação às necessidades de capital imobilizado. (Ver mais detalhes sobre 3P na Introdução.)
- **Dívidas:** As dívidas se reduzem paralelamente à liberação do capital de giro, mas também à medida que as margens líquidas aumentam e são usadas para pagar dívidas existentes. Uma empresa de manufatura na qual tive participação aumentou sua produtividade em mais de 30% (o empreendimento integral) no primeiro ano de implantação de seu sistema *lean*, e isso se transformou em 6,9 pontos de margem líquida de lucro, o que, por sua vez, permitiu à empresa pagar integralmente os débitos resultantes da valorização das aquisições de controle acionário de outras firmas em menos de três anos.

Há dois fatores dignos de nota aqui. Um deles é que, ao comandar as quatro métricas do Norte Verdadeiro, você pode causar impacto em todos aqueles itens individuais da declaração de rendimentos e do balanço patrimonial, conjuntamente, na direção certa. O outro é a sinergia derivada de fazer tudo isso ao mesmo tempo. Não é incomum ver o indicador de desempenho ROI se multiplicar à medida que você adquire sinergia dos impactos do balanço patrimonial e da declaração de rendimentos. Um exemplo dessa sinergia pode ser visto na **Figura 3.8**, que mostra os resultados da Heatilator, unidade de negócios da HON/HNI Corporation. Stan Askren, atual CEO da HNI Corporation, era presidente da unidade de negócios Heatilator no período mencionado.

DH, Q, E e C orientam todos os indicadores de desempenho financeiros

■ Índice de acidentes registrados	−81%
■ Custos dos seguros	−69%
■ Lead time Carregamento de caminhões com carga mista, a partir da encomenda dos revendedores	De 6 semanas para 5 dias
■ Completo e no prazo	De 84% para 98%
■ Produtividade da empresa	+38%
■ Rotatividade de estoques	+171%
■ Vendas/metro quadrado	+131%
■ Percentual de rendimento operacional	+221%
■ Retorno sobre ativos	+327%
■ Fluxo de caixa	+519%

FIGURA 3.8
Empresa produtora de lareiras sete anos depois da aplicação do processo *lean*.

O persistente foco nas métricas do Norte Verdadeiro mostrou-se como um benefício financeiro positivo em cada uma das categorias mostradas na tabela. Note que apesar de todas as métricas do Norte Verdadeiro terem melhorado no nível de dois dígitos, todos os indicadores financeiros melhoraram ao nível de três dígitos. Todos esses resultados podem ser creditados aos ganhos cumulativos das atividades de melhorias *lean*, que agora se tornaram evidentes no desempenho financeiro global da organização.

Não se pode esquecer que a melhoria simultânea das avaliações do Norte Verdadeiro exige uma significativa mudança, que será realmente difícil concretizar. É um trabalho árduo, especialmente para os níveis de liderança. Não se trata de almoço grátis, mas pode causar impacto sobre seus números de uma maneira que é difícil imaginar – se você for capaz de orientar a mudança e construir, entre seu pessoal, a disposição e o impulso indispensáveis para uma transformação de verdade.

RESUMO

Ainda estou para conhecer um executivo que dê início a uma transformação *lean* pensando que será possível, com isso, quadruplicar a produtividade, reduzir os erros de qualidade em 99% ou o *lead time* em 95%. Ainda assim, essas são as normas documentadas para uma transformação de empresa digna desse nome. Os poucos executivos que chegam a pensar que esses níveis de realização podem se transformar em realidade certamente calculam uma década ou mais para isso acontecer. No começo, esse prazo pode parecer desalentador. Mas é estranho que, depois de conseguir concretizar os mesmos tipos de melhorias anuais durante alguns anos, você queira ter certeza de que elas terão continuidade. Assim, se, depois dos primeiros anos de uma transformação, você começar a ter escassez de ideias de melhoria para uma determinada área, revise todas as ferramentas do *lean* (ver seção dos Fundamentos) que atingem principalmente aquela métrica do Norte Verdadeiro. Então, avalie o alcance e a profundidade da aplicação de cada uma dessas ferramentas. O fato é que *sempre* se conclui que, ao ampliar o alcance dessas ferramentas fundamentais (e, se necessário, o número de eventos *kaizen* dedicados àquela métrica do Norte Verdadeiro), as oportunidades para melhorias aparecerão.

NOTAS

1. Robert D. Buzzell and Bradley T. Gale, *The PIMS Principles: Linking Strategy to Performance* (New York: Free Press, 1987).
2. Fonte ignorada.

3. George Stalk and Thomas Hout, *Competing Against Time: How Time-Based Competition Is Reshaping Global Markets* (New York: Free Press, 1990).
4. Paul D. Mango and Louis A. Shapiro, "Hospitals Get Serious About Operations", *McKinsey Quarterly*, n° 2 (May 2001): 74-85.

4

OS EVENTOS *KAIZEN* POSSIBILITAM ATINGIR OS RESULTADOS PREVISTOS PELOS PLANOS DE AÇÃO DE MELHORIA ELABORADOS A PARTIR DA ANÁLISE DO FLUXO DE VALOR

Um *fluxo de valor* é a sequência de trabalho que faz o valor fluir da exigência do cliente para a satisfação do cliente. No caso de uma indústria de bens de consumo, os fluxos de valor no âmbito de uma determinada operação são as famílias de grandes produtos ali manufaturados. Cada família de produtos tem fluxos e processos principais um tanto diferenciados – e isso é o seu fluxo de valor. No começo, pode haver interações entre fluxos de valor que acabam desorientando esse fluxo, mas tudo costuma ser eliminado à medida que o esforço pela melhoria vai dando resultados.

Em um cenário de assistência à saúde, por exemplo, é a sequência de serviços que configura o fluxo de valor individual. Um paciente diagnosticado com IAM (infarto agudo do miocárdio; ou ataque cardíaco) passará por uma série específica de procedimentos para diagnóstico mais completo e tratamento, continuando assim até a alta e a cobrança da conta hospitalar. Esses procedimentos ou passos formam o fluxo de valor. No caso da Marinha Real Britânica, um porta-aviões é um fluxo de valor único (embora complexo); seu *output* é o índice sustentável de saídas, isto é, a capacidade de manter um número maior de aviões no ar para defender a frota ou atacar alvos inimigos.

Assim, um fluxo de valor é o roteiro do trabalho que faz fluir um serviço ou produto ao cliente/consumidor. É importante fixar a ideia de que não importa se o fluxo de valor produz um produto ou um serviço, porque em qualquer das hipóteses os conceitos gerais se aplicam praticamente da mesma maneira. Tomando o exemplo da assistência à saúde, o ThedaCare inicialmente focou a análise do fluxo de valor em uma de suas principais atividades. A análise do fluxo de valor (AFV; ou VSA, em inglês) no seu estado atual é mostrada na **Figura 4.1**.

DAR UMA CAMINHADA PARA REALIZAR A AFV NO ESTADO ATUAL

A criação do fluxo de valor no estado atual é realizada, quase literalmente, mediante uma caminhada passo a passo pelo chão de fábrica. É de fundamental importância determinar as reais práticas de trabalho que são seguidas no dia a dia. Essa caminhada pelo mundo do trabalho real é sempre uma possibilidade de abrir horizontes. Nunca será como o papel ou o computador garantem que é. Sempre haverá tarefas que você considerava feitas, mas que ninguém está fa-

Mapa do fluxo de valor
Área: Infusão IV doméstica

ESTADO ATUAL

Foco de análise:
Aumentar a eficiência da produção
Reduzir demoras para o paciente
Evitar custo do capital

Declaração de valor
Fornecer ao paciente remédios e informação seguros, eficientes e adequados, pelo menor custo

Exigências básicas
RPH
Técnicos envolvidos
USP (PEV) funcional
Pedido do médico

Avaliações de desempenho
Evitar custos/reduzir aluguéis
Estoques reduzidos $
Fluxo de tempo de paciente reduzido
Aumento da qualidade para o paciente

ESTADO IDEAL
Com demanda
Livre de defeitos
1 por 1
Menor custo

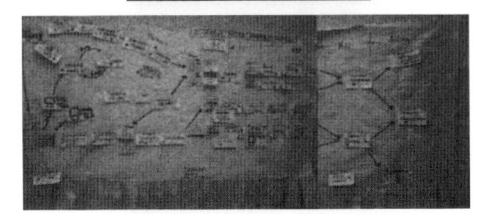

- Vá para o *Gemba*
- Avance para *Gembutsu*

©Lean Investments, LLC — Conversões lucrativas Lean pelo envolvimento — www.simpler.com

FIGURA 4.1
ThedaCare: Mapa do fluxo de valor no estado atual.

zendo. E, quase com a mesma frequência, haverá tarefas que as pessoas estarão realizando como parte de seu dia de trabalho e sobre cuja existência e realização você não tinha a menor ideia.

O que você constata nessa movimentação é que não há, na organização inteira, alguém capaz de detalhar todos os passos no atual fluxo de valor. Os indivíduos que realizam o trabalho não sabem que tarefa outros no mesmo fluxo de valor estão fazendo, e por isso a necessidade de tanto retrabalho nos processos de hoje. Você poderá descobrir que os trabalhadores foram treinados apenas oralmente por aqueles a quem iriam substituir, ou então por seus chefes, durante um período muito curto. Eles recebem uma lista de tarefas (passos de trabalho) a serem executadas, mas não sabem o porquê disso. Tal abordagem revela a inexistência de um conhecimento mínimo capaz de proporcionar uma base para a melhoria do processo.

Mais ainda, no caso dos processos administrativos, tendemos a assumi-los sempre que surge um problema, para então redesenhar alguns poucos passos, invariavelmente acrescentando-lhes outros de inspeção ou retrabalho, e então deixar tudo como está (é que existem outros focos de incêndio a serem combatidos, e por isso não tivemos o tempo necessário para realmente entender o processo do começo ao fim). O resultado disso é que o processo administrativo típico tem um índice de crescimento negativo da produtividade de −1 a −2% ao ano, a partir da abordagem de apagar incêndios até a melhoria.

AFV no estado atual e as métricas do Norte Verdadeiro

A AFV do estado atual permite realizar algumas coisas. Ela, por exemplo, define o nível básico para o desenvolvimento do processo. Uma boa análise do estado atual deve, no mínimo, documentar o desempenho dos fluxos de valor em comparação com as quatro métricas do Norte Verdadeiro. Portanto, há várias avaliações do desenvolvimento humano a serem feitas durante a análise – índices de acidentes, índices de rotatividade, entre outros. É igualmente indicado coletar dados de qualidade, destinados a indicar a localização das questões fundamentais (a matéria-prima para um gráfico de Pareto da qualidade). A análise do estado atual deve, ainda, evidenciar em quais pontos ocorrem atrasos e onde se encontram as restrições no fluxo. Obviamente, a análise precisa determinar onde são utilizados os recursos humanos.

A maioria dos estudos sobre a análise do fluxo de valor ignora as métricas do Norte Verdadeiro. Em seu lugar, são os indicadores pessoa/produtividade e tempo/entrega que ganham prioridade, sempre deixando de lado os indicadores de desempenho da qualidade e do desenvolvimento humano. É preciso contar com uma linha básica para todas as quatro métricas do Norte Verdadeiro.

Ajudando-o a localizar o desperdício

Uma AFV do estado atual normalmente constitui o primeiro passo para se aprender a divisar/localizar o desperdício. Por isso, recomendo que a equipe de liderança da unidade de negócios deve ser a mesma encarregada de conduzir a primeira análise do fluxo de valor no desencadeamento de uma transformação *lean*. Assim, essa equipe determina o *status* de cada passo do trabalho – se tem ou não valor agregado, isto é, se os clientes constatarem que estamos dando esse passo, estarão dispostos a pagar por ele? Essa será a primeira vez que a liderança irá obter um quadro pessoal de como o desperdício realmente se apresenta em um fluxo de valor de propriedade da empresa.

A identificação desse desperdício tem dois efeitos:

1. inicia a liderança no caminho de aprender como o desperdício realmente é;
2. proporciona à liderança a motivação para a melhoria.

Sempre que se documenta um trabalho efetivo, torna-se quase impossível sair dali pensando aquilo que foi identificado como um fluxo de valor perfeitamente ajustado que não precisa mais ser aperfeiçoado. Nos estágios iniciais do pensamento *lean*, aprender a identificar o desperdício, entre os líderes, é de longe o mais importante resultado de uma boa análise do fluxo de valor.

No próprio diagrama, cada desperdício é devidamente destacado. Um desenho que destaca a área do fluxo de valor na qual a melhoria é necessária, bem como o tipo de melhoria. Esses destaques informam os próximos passos, nos quais você aplica as várias ferramentas *lean* de melhoria.

Sem pretender entrar em uma discussão mais detalhada sobre cada uma das ferramentas do *kit lean*, basta dizer que nele existem instrumentos que abordam aspectos fundamentais de cada área métrica do norte verdadeiro (ver **Figura 4.2**). Quando surge uma restrição no fluxo, e com isso há perda de tempo, você pode, por exemplo, diminuir o tempo de setup para reduzir os tamanhos dos lotes. Você também pode implantar um *kanban* para minimizar a interrupção do fluxo em torno de um monumento do processo (um único processo que concentra os múltiplos fluxos de valor em um único passo do processo). Você pode estabelecer o fluxo unitário de peças para manter o processo em movimento, e assim por diante.

BRAINSTORMING PARA CRIAR UM FLUXO DE VALOR NO ESTADO IDEAL

Depois de documentar o estado atual no fluxo de valor, a equipe faz um *brainstorming* a respeito do fluxo de valor ideal. A ideia é tentar visualizar com o que esse fluxo de valor poderia parecer se todos os passos sem agregação de valor

Objetivos da melhoria

Desenvolvimento humano	Qualidade	Entrega/fluxo	Custo/produtividade
Participação da equipe	Zero defeito	Tempo takt	AV/NAV.
6S	5 Porquês	Fluxo unitário de peças	Trabalho padronizado
Projeto do local de trabalho seguro	Andon	Produção puxada	Shojinka
Kaizen ergonômico	Poka-Yoke	S.M.E.D.*	
Sistema teian de sugestão	Listas de verificações sucessivas	T.P.M.**	
	7 ferramentas da estatística	3P	
	CEDAC	Desenvolvimento da cadeia de suprimentos	
	FMEA	Heijunka	
	Métodos Taguchi		

TVSA
TPOC
Desenvolvimento de estratégia
Práticas lean

FIGURA 4.2
As quatro áreas métricas do Norte Verdadeiro.

pudessem ser removidos. Na verdade, não é possível remover todos os passos sem agregação de valor na primeira análise de melhoria pelo fluxo de valor, mas, mediante uma visualização desse "processo perfeito", você define a meta da melhoria no alto da pirâmide. Normalmente, ao realizar melhorias em uma área, você pensa em melhorá-la em um valor significativo (ainda que pequeno) – por exemplo, 5%. Você gostaria de ver esse resultado como um significativo passo à frente, certo?

Um aspecto especial na determinação do estado ideal é enxergar como um processo de fluxo deveria ser. Esse processo de fluxo terá cerca de 95% menos passos do que o processo atual. Assim, se você começar com esse fluxo

---

* N. de R.T.: SMED é a sigla de *Single Minute Exchange of Die* (Troca de Matrizes em menos de um dígito), sendo esta a ferramenta desenvolvida durante a construção do sistema de produção lean para a redução dos tempos de setup, entendendo-se como tempo de setup todo o tempo de interrupção do fluxo da produção para a preparação do posto de trabalho visando a produção de um novo tipo de peça. O tempo de setup compreende o tempo desde a obtenção da última peça boa de um lote anterior até a obtenção da primeira peça boa do lote subsequente. Em português este termo foi traduzido para Troca Rápida de Ferramentas (TRF).

** N. de R.T.: TPM é a sigla de *Total Productivity Maintenance* (Manutenção Produtiva Total), sendo esta outra ferramenta desenvolvida durante a construção do sistema de produção lean com vistas a manutenção (do verbo manter) da operação dos equipamentos.

de valor "ideal" como seu ponto de referência, e pensar em termos de retirar o menos possível de passos, o ideal lhe proporcionará um paradigma diferente para a melhoria, como mostrado na **Figura 4.3**. Esse paradigma normalmente exigirá a remoção de cerca da metade dos passos no fluxo de valor. Tal visão do fluxo de valor o levará a determinar metas de melhoria para a remoção da metade dos passos, em vez de apenas 5% deles. Essa será uma melhoria de impacto em relação à prática usual.

CRIAR UM FLUXO DE VALOR NO ESTADO FUTURO

O próximo passo é criar um fluxo de valor no estado futuro para representar a melhoria que você realmente planeja fazer ao longo dos próximos 6 a 18 meses (ver **Figura 4.4**).

Nesse estágio, você identifica os principais desperdícios e elabora um plano de ação para abordar cada um deles. Esse plano de ação compõe-se normalmente de três esforços distintos. Algumas das melhorias serão simplesmente *faça assim mesmo*, adaptações rápidas que se tornam óbvias à medida que você conduz a análise do fluxo de valor e que podem, dessa forma, ser entregues a

Mapas do fluxo de valor

Área: Infusão IV doméstica

Foco de análise
Aumentar eficiência da produção
Reduzir demoras para pacientes
Evitar custo de capital

Declaração de valor
Fornecer medicamentos e informação seguros, eficientes e corretos ao paciente pelo menor custo

Exigências básicas
RPH
Envolvimento dos técnicos
Cumprimento de USP
Pedido do médico

Avaliações de desempenho
Evitar custo/reduzir aluguéis
Estoques reduzidos $
Reduzir fluxo de tempo do paciente
Aumentar qualidade para o paciente

ESTADO IDEAL

Estado ideal
Demanda em aumento
Defeito zero
1 por 1
Menor custo

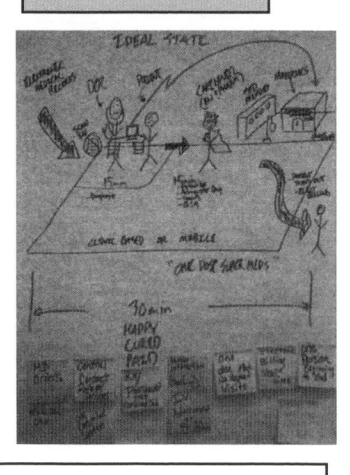

Foco = Apenas o valor agregado
Aprendizado = Começa a "ver o desperdício"

©Lean Investments,LLC   Transformação *lean* lucrativa pelo envolvimento   www.simpler.com

FIGURA 4.3
ThedaCare: Mapa do estado ideal.

Mapa do fluxo de valor

Área: Infusão IV doméstica

ESTADO FUTURO

Foco de análise	Declaração de valor	Exigências básicas	Avaliações de desempenho
Aumentar eficiência da produção Reduzir demoras para pacientes Evitar custo de capital	Fornecer medicamentos e informação seguros, eficientes e corretos ao paciente pelo menor custo	RPH Envolvimento dos técnicos Cumprimento de USP Pedido do médico	Evitar custo/reduzir aluguéis Estoques reduzidos $ Reduzir fluxo de tempo do paciente Aumentar qualidade para o paciente

Estado ideal
Demanda em aumento
Defeito zero
1 por 1
Menor custo

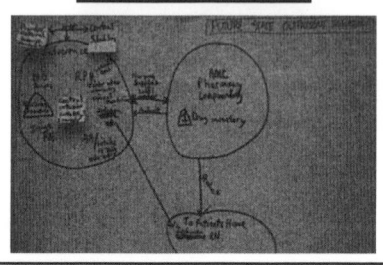

Plano de melhorias de 6 a 18 meses

©Lean Investments,LLC — Transformação lean lucrativa pelo envolvimento — www.simpler.com

FIGURA 4.4
ThedaCare: Mapa do fluxo de valor de estado futuro.

um indivíduo para implantação imediata. Outras (muito poucas) envolverão um projeto específico. Um exemplo seria uma mudança de *software* para se adequar às novas práticas de trabalho. Mas o principal impacto da melhoria será o resultado dos eventos *kaizen* focados em realizar melhorias substanciais e rápidas no âmbito do fluxo de valor em apenas uma semana.

Metas de melhorias

Um aspecto especial do fluxo de valor do estado futuro é o estabelecimento de metas para cada métrica do Norte Verdadeiro (ver **Figura 4.5**).

No começo, você não saberá que valor planejar para suas metas de melhoria. Se pudesse ver os incontáveis fluxos de valor feitos em outras organizações,

Os eventos *kaizen*... **95**

Local: ThedaCare		Data 18/01/2005			RELATÓRIO DE EVENTOS R.I

RESULTADOS

	Tema da equipe	Avaliação dos resultados	Antes	Potencial futuro	% de mudança	Comentários
1.	AFV de infusões domésticas	Fluxo de tempo de pacientes (horas)	4,0	2,5	–38%	
		Soma dos tempos de atividades manuais	6,7	4,5	–33%	
		Estoques $ @ THAC	$ 75.657	$ 25.000	–67%	Duplicar estoques
		Giros de estoque @ THAC	13,9	24,0	–73%	
		Milhas do Ponto Fox ao AMC/ano	15.600	5.200	–67%	
		Atendimentos pacientes externos	6,0	3,0	–50%	
		Atendimentos em Home Care	9,0	4,0	–56%	Necessários para manter 2 labs. e farm.
		Aluguel anual necessário	$ 56.000	$ –	–100%	Será consolidado na AMC
		Capital necessário para renovar farm. e lab. @ Fox Point	$ 200.000	$ –	–100%	
Pesquisas		1 (satisfação geral):	4,1	5 (apresentação inicial):	4,0	9 (prep. e equipe): 4,0
		2 (desempenho consult.):	4,6	6 (participação no futuro):	4,4	10 (razão dos tópicos): 4,6
		3 (impacto dos resultados):	4,3	7 (reuniões dos líderes):		Média geral (Questões 1 a 10): 4,3
		4 (experiência de aprendizagem):	4,4	8 (produção e princípios do sistema):	4,1	Comentários: +: 9 –: 3
		Resultado da pesquisa do		Comentários: Rick Berry: TCAH, Gerente... ÓTIMO TRABALHO!!		

© Lean Investments, LLC Transformação lean lucrativa pelo envolvimento www.simpler.com

FIGURA 4.5
ThedaCare: Resultados.

você constataria que, em média, precisaria reduzir tudo à *metade*. Para então fixar como meta eliminar a metade de todos os passos do trabalho no processo quando estiverem implantados todos os eventos, projetos e demais atividades. Assim, se você reduzir à metade os passos do trabalho, é razoável pensar que também poderá reduzir pela metade os recursos humanos necessários nesse fluxo de valor, os erros/defeitos e, por que não, os tempos de fluxo/*lead times*. Se essa for a sua primeira vez com uma análise de fluxo de valor, certamente você ficará temeroso de fixar metas de melhoria tão ambiciosas. No entanto, se não estabelecer metas ambiciosas, você não conseguirá alcançar altos níveis de desempenho. Essa metade, então, é um bom começo, porque é significativa, e ainda assim é perfeitamente normal em termos de resultados *lean*. Se você continuar considerando níveis de melhoria como esses uma meta difícil, poderá necessitar de um *sensei* que tenha vivenciado esse tipo de melhorias para empurrá-lo, e à sua organização também, a fim de estabelecer metas que sejam apropriadas a um sólido esforço de melhoria de fluxo de valor. Meu *sensei* da Toyota costumava resumir assim bons objetivos para um plano de melhoria do fluxo de valor: "Corte o que não presta pela metade e dobre aquilo que é bom".

Um resultado consequente de um evento de mapeamento do fluxo de valor de estado futuro é a convicção de contar com um plano sólido e viável de implantação (ver **Figura 4.6**).

Plano de ação e responsabilidades

O plano de ação do estado futuro deve estabelecer datas e responsabilidades para cada atividade, cada projeto e cada evento *kaizen*. Fazer uma análise de fluxo de valor sem desenvolver um plano de ação para melhorias ou sem a implantação real de melhorias é *muda* – desperdício pela própria natureza! Existem organizações que realizaram muita coisa em termos de documentação de fluxo de valor, mas nunca chegaram a implantar verdadeiras melhorias em qualquer de seus setores – isto é *muda*.

Uma advertência final sobre a elaboração de fluxos de valor: informatizar os fluxos de valor virou uma verdadeira mania entre as organizações. Mas você deve ser cauteloso. Um mapa computadorizado, por questões de segurança, pode se tornar inacessível a muitas pessoas. O ideal é que o seu fluxo de valor esteja bem visível em uma área de acesso ao público no *gemba* (chão de fábrica). Isso força um nível mais profundo de aprendizado e cria uma gestão visual e de equipe. Sem falar que somente alguém com fortes habilidades em computação será capaz de desenhar um fluxo de valor informatizado, e o que você deseja é que todos sejam capazes de traçar um desses fluxos.

Em uma representação estilo *post-it* do fluxo de valor, todos podem participar na construção e modificação do fluxo de valor. Se as pessoas que realizam

Os eventos *kaizen*... **97**

Plano de ação

Objetivo: $ = Custo reduzido Q = Qualidade superior CS = Maior satisfação do cliente EOC = Aumento de oportunidades de emprego

ThedaCare em casa: AFV da infusão IV

Evento	Projeto	Demais atividades	Descrição	Resultados				
						Plano		
				Quem	Resultado	Data	Comentários	Status
x			Processo de Infusão e Avaliação Clínica (17, 46, 3, 15, 24)	$ Q CS EOC				
x			Operação Padrão Centralizada @ AMC (36, 24, 22, 11)	$			Melhorias na AMC Farm a fim de preparar mudança de Fox Point	
x			Evento 6S Centralizado @ AMC (10, 2, 34)	$			Melhorias na AMC Farm a fim de preparar mudança de Fox Point	
x			Criar Célula de Infusão de Paciente Externo @ (21, 28, 44)	$ Q CS EOC				
x			Consolidação de Estoques/Kanban (19, 38)	$ EOC				
	x		Padronizar procedimentos de infusão em pacientes externos para residentes (13, 9, 35, 43, 18)	Q EOC				
	x		Melhorar processo para transportar para casa	$				
	x		Integração do Sistema de Computadores (30, 8, 14)	$ Q CS EOC				
		x	Transferência de Serviços para DME (5)	$				
		x	Banco de dados de planos de saúde (36)	$ CS				

©Lean Investments,LLC   Transformação lean lucrativa pelo engajamento   www.simpler.com

FIGURA 4.6
ThedaCare: Plano de ação.

o trabalho e o supervisionam não estiverem envolvidas no desenvolvimento e nas modificações do mapa do fluxo de valor, a consequência provável será a paralisação de todo o projeto de mudança de gestão.

A REGRA DOS 5X

Muitos gerentes experientes utilizam um paradigma interessante na abordagem das melhorias: Faça tudo certo na primeira vez e desfrute o máximo. Isso é ver a melhoria como uma espécie de *big bang*. Com o processo *lean*, contudo, há um entendimento de que você não consegue identificar todo o desperdício quando vê pela primeira vez um fluxo de valor. Depois de ter gerenciado seu primeiro ciclo completo de melhoria do fluxo de valor – digamos, depois de 18 meses de muito trabalho, estudando cada passo no fluxo de valor e adotando as melhorias especiais definidas no plano de ação inicial –, terá chegado o momento de começar tudo de novo.

O que você irá descobrir é que a primeira análise do fluxo de valor resultou, na verdade, em significativas melhorias. Mas outra coisa muito interessante também aconteceu. Essas melhorias tornaram o nível de desperdício seguinte visível. Assim, quando você começa tudo de novo e redocumenta seu recém--melhorado fluxo de valor passo a passo, você será capaz de dar origem a uma segunda análise e elaborar um novo plano de ação de melhoria do fluxo de valor que irá eliminar metade dos passos restantes – e defeitos – e o tempo no fluxo de valor.

Tornar-se *lean* é, pois, ser repetitivo. Uma boa regra é pensar em termos de planejamento para estudar cada fluxo de valor, cada processo de trabalho pelo menos cinco vezes (ou "5X") antes de pensar que está se tornando *lean*. Se você reconhecer que precisa planejar neste nível de estudo, estará pensando de forma diferente a respeito de como se organizar para dar suporte à sua transformação *lean*.

Cada novo estudo leva-o a um novo nível de desempenho e é lucrativo pela própria natureza. Depois de ter analisado cada fluxo de valor cinco vezes, você terá removido cerca de 90% do desperdício registrado lá no começo, 90% dos erros e defeitos, 90% do tempo de atravessamento do produto ou serviço, 80% da força de trabalho necessária (isso mesmo, 80%), e 90% dos índices de acidentes de trabalho e rotatividade de pessoal. É difícil acreditar em tais números, mas as poucas organizações que passaram por verdadeiras análises dos fluxos de valor cinco ou mais vezes atingiram esses níveis de melhoria. A realização mais importante, porém, consiste no fato de que a sua organização terá ensinado seus próprios colaboradores a acreditar na melhoria *contínua*. Poucas organizações agem nesse sentido. E raras são as pessoas que compreendem realmente o que significa "melhoria contínua". A maioria simplesmente toma isso como "melhoria por etapas"; ou, em outras palavras, "vou fazer isto, obter este ganho, e então estarei pronto".

Organizações que fizeram cinco análises (5X) de melhorias de seus fluxos de valor não precisam mais empurrar a melhoria. A essa altura, todos os seus colaboradores já estão sabendo que, como Henry Ford disse, "nossa atitude é de que estamos programados para a descoberta do melhor caminho de fazer qualquer coisa, e de que precisamos considerar cada processo empregado em nossa firma hoje como puramente experimental".[1]

Como exemplo, o fluxo de valor HMMWV (High Mobility Multipurpose Wheeled Vehicle – Humvee) no Red River Army Depot (RRAD) do Exército norte-americano apresentava problemas ao acelerar a blindagem dos veículos Humvee a fim de proteger os soldados que os tripulassem contra dispositivos explosivos improvisados (IEDs, em inglês). Esse assunto sumiu dos noticiários em cerca de um ano. O motivo foi a taxa acelerada de implantação *lean* na remontagem e no processo de fortalecimento da blindagem no âmbito do Comando de Materiais do Exército dos Estados Unidos.

A **Figura 4.7** mostra a expansão do *output* no Red River Army Depot em um período de 14 meses, dentro do mesmo espaço físico, com uma triplicação da produtividade. A equipe de Red River conseguiu concretizar um aumento de 200 vezes na produção semanal. Obviamente, isso não ocorreu com apenas uma rápida análise do fluxo de valor. Como mostra a Figura 4.7, a primeira análise do fluxo de valor do HMMWV levou apenas quatro meses, mas também concretizou um aumento de 20 vezes no *output*. Precisava-se, no entanto, de muito mais. Assim, o pessoal em Red River começou tudo de novo. Eles refizeram sua análise do fluxo de valor tendo como base o novo e aperfeiçoado fluxo de valor resultante de uma detalhada caminhada pelo *gemba*. Eles descobriram, dessa maneira, muito mais oportunidades de eliminação de desperdício e se dedicaram a combatê-las por meio de eventos *kaizen*, atividades e projetos. Depois de cerca de oito meses, conseguiram uma melhoria de 140 vezes, mas ainda precisavam de mais. Assim, novamente fizeram uma nova análise do recém-melhorado fluxo de valor buscando oportunidades de aperfeiçoamento, e então começaram a implantar um novo plano de ação de melhoria do fluxo de valor. Essa terceira análise os levou a um aumento de *output* de pouco mais de 200 vezes por semana. Em poucos meses, atingiram a necessária taxa de *output*. Assim, com três análises consecutivas do fluxo de valor, conseguiram concretizar um radical aumento no *output* e na produtividade, com isso oferecendo mais proteção para as tropas norte-americanas no Iraque.

Como outro exemplo de múltiplas análises através de um fluxo de valor, recorde-se de nossa revisão do uso dessa ideia pela Watlow para aperfeiçoar seus processos diretos com os clientes na empresa de aquecedores customizados (ver Capítulo 3). Em números redondos, a norma da indústria era definir um prazo de cerca de três meses (três processos de consumidor de um mês cada

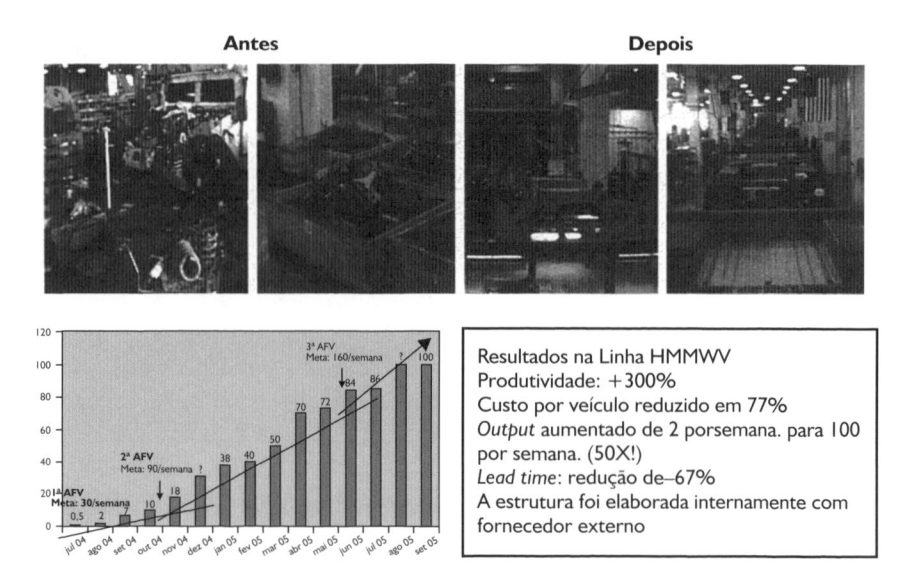

FIGURA 4.7
Red River Army Depot: transformação lean do HMMWV.

Resultados na Linha HMMWV
Produtividade: +300%
Custo por veículo reduzido em 77%
Output aumentado de 2 por semana. para 100 por semana. (50X!)
Lead time: redução de –67%
A estrutura foi elaborada internamente com fornecedor externo

– cotação, engenharia e construção do protótipo) para completar o processo de licitação, e àquela altura eles ganhavam cerca de 15% das licitações como pedidos. Os negócios da Watlow cresciam cerca de 3% ao ano. Sabíamos, quando começamos o lean nas áreas de produção, que iríamos liberar recursos de produção em algo próximo de 20% ao ano. Assim, em vez de começar o trabalho lean na produção, decidimos começar com os três processos de consumidor de um mês (ver **Figura 4.8**).

O resultado foi quase imediato. Quando a Watlow estava na metade da segunda análise, seu índice de crescimento havia ultrapassado a expectativa de quadruplicação – ou seja, havia chegado a hora de focar nas áreas de produção!

Um aspecto complementar muito interessante deste trabalho foi o relacionado com a produtividade administrativa. O que você constata é que trabalhar as quatro áreas métricas do Norte Verdadeiro cria um efeito sinérgico sobre os resultados totais. Assim, em acréscimo ao crescimento da produtividade resultante do abandono dos passos sem agregação de valor nos processos preço-engenharia-construção de protótipo, o acréscimo superior a quatro vezes nos índices de ganhos das licitações representou um ganho em produtividade de mais de quatro vezes, em função do resultado da rápida reação nos indicadores de ganhos – e esse é um acréscimo à produtividade a partir do abandono dos passos sem agregação de valor para chegar aos ciclos mais rápidos.

Os eventos *kaizen*... **101**

Watlow
- Fabricante/projetistas de aquecedores e controles
- Foco: Engenharia de protótipo – cotação, projeto e construção do protótipo
- Dados básicos:
  - *Lead time*: 20,6 dias de tempo de engenharia
  - Produtividade: 62 horas/homem engenharia/protótipo único (não mensurado anteriormente)
  - Resultado da primeira análise do processo: 2,6%
  - 51 atividades no único ciclo de engenharia
  - Nenhum processo padronizado; excesso de paradas no fluxo
  - Indicadores de desempenho não localizados ou não visíveis
- Abordagem
  - Evento de melhoria acelerada de 4,5 dias
  - Criada uma célula-protótipo de desenvolvimento de engenharia
  - Fluxo de trabalho equilibrado com as horas de trabalho necessárias
  - Elaborados documentos de trabalho padronizado para gerenciamento da célula
  - Processo com fluxo definido; criados diagramas de espaguete* para revelar desperdícios
- Resultados: Primeira Análise
  - Meta de *lead time* de 15,5 dias perfeitamente viável
  - Rendimento da primeira análise aprimorado em 42,4%, uma melhoria de 1.531%
  - Produtividade aumentada a 49 horas/homem/protótipo – uma melhoria de 20%
  - Realocados 1 a 5 engenheiros
  - Número de atividades reduzido a 32, uma melhoria de 37%
  - Metas visuais estabelecidas acompanhadas no interior da célula
  - ...O que isso significa para você...

Meta = Realizar três análises deste fluxo de valor = Realizar cotações, *projetos e protótipos em 25% do tempo + Crescer 2 a 4 vezes o padrão da indústria*

FIGURA 4.8
Engenharia: cotação do projeto e protótipo.

---

* N. de R.T.: Diagrama de espaguete é uma representação gráfica do caminho que um produto percorre ao longo de seu processo de fabricação, o qual é elaborado durante a análise do fluxo de valor do mesmo. É assim denominado porque a rota dos produtos normalmente se parece com um prato de espaguete.

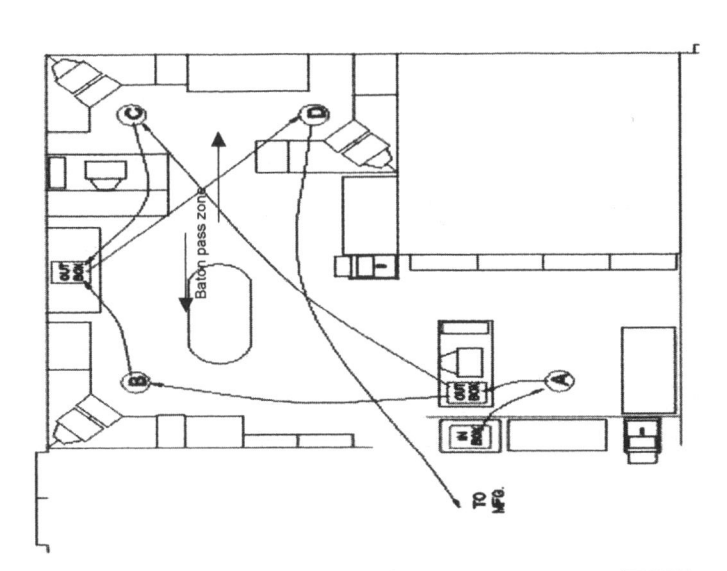

Um terceiro exemplo corporativo de múltiplas análises através do mesmo fluxo de valor vem de uma operação ganhadora do Prêmio Shingo: a Freudenberg-NOK GP (FNOK), de Ligonier, Indiana. A cidade de Ligonier é conhecida pela produção de dispositivos de controle de trepidação para todos os tipos de aplicações automotivas (nessa mesma planta, o *sensei* Terry Rousch, da Simpler Consulting, que colaborou na edição deste livro, era supervisor geral do principal centro de TVD).

O que você vê na **Figura 4.9** é o resultado de múltiplas análises através do mesmo fluxo de valor. É a "incansável busca da perfeição". A produtividade inicial era de 55 peças por associado a cada hora. Em seu primeiro evento *kaizen* de uma semana na área de trabalho, os integrantes da equipe aumentaram a produção para 86 peças por hora. Isso representava um aumento de produtividade de cerca de 50%. Muitas organizações pensariam: "Nossa! Um aumento de produtividade de 50%! Melhor que isso, impossível!". E abandonariam essa área para sempre!

A FNOK retornou a essa mesma área no mês seguinte, reestudou a situação e obteve um ganho adicional de produtividade de 30%. Voltou novamente seis meses depois e repetiu o processo; dessa vez, conseguiu um ganho de mais de 20%. Dada a lei dos retornos decrescentes, se você conseguisse se manter

Repetir *kaizens* na mesma referência (tipo de peça)
Fábrica da FNGP em Ligonier, Indiana, 1992-1994

	FEV 1992	ABR 1992	MAI 1992	NOV 1992	JAN 1993	JAN 1994	AGO 1995
Número de colaboradores							
Peças feitas por colaborador							
Espaço utilizado (metros quadrados)							
Pelo menos seis revisões completas de cada processo são necessárias para atingir resultados plenamente *lean* Dada a boa preparação e acompanhamento, mais eventos *kaizen* = mais resultados							

Desempenho na base antes do começo da iniciativa *lean* nesta operação de três turnos com sete colaboradores por turno.
Durante este período, acidentes de trabalho e custos de indenização diminuíram em mais de 92%. O gasto total de capital nesse período foi de menos de $ 1.000 por um sistema de pintura funcional, permitindo o fluxo unitário de peças.
Fonte: *Lean Thinking*, Womack & Jones.

FIGURA 4.9
Reversão da lei de retornos decrescentes.

firme durante três análises de fluxo de valor, passaria a acreditar que os ganhos estavam começando a ficar menores e que o melhor a fazer seria mudar para outro lugar em busca de melhorias. No entanto, a equipe da FNOK permaneceu firme em seu propósito e retornou outra vez dois meses mais tarde, concretizando então um ganho de produtividade de 60%. Ainda insatisfeitos, voltaram um ano depois e conseguiram um ganho de produtividade de 100%, para 450 peças por hora. E então, passados mais 8 meses, a FNOK agiu de novo, com um ganho de produtividade de 30%. O resultado final, a essa altura, foi que seu *output* por pessoa já era mais de dez vezes aquele do ponto de partida (provando que é possível reduzir o conteúdo do trabalho em 90% quando você se dispõe a reestudar agressivamente determinada área várias vezes). Realisticamente falando, a maioria de nós sempre para nos primeiros 50%. E essa é a diferença entre a maioria de nós e aqueles poucos que perseguem incansavelmente a perfeição.

Na época do Prêmio Shingo de Ligonier, a FNOK estava na jornada *lean* havia seis anos. Nesse período, a companhia já tinha realizado mais de 8 mil eventos *kaizen* de melhoria, de uma semana de duração, cujo resultado foi, em nível de corporação, uma melhoria de qualidade que baixou os defeitos de mais de 2.000 ppm para menos de 50 ppm, reduziu o trabalho no processo de estocagem em mais de 80% e, ao mesmo tempo, gerou um ganho geral de produtividade acima de 175%. Esta é a força do *lean*, quando aplicado *continuamente*.

UM FLUXO DE VALOR PILOTO

Na ThedaCare, os primeiros anos de melhoria dos fluxos de valor do hospital levaram a empresa a recomeçar do zero no quarto ano de sua jornada *lean*. A ThedaCare decidiu tentar criar um piloto para o futuro da assistência à saúde. A Toyota se referiria a isso como uma *área piloto*. A área piloto tem como propósito criar um exemplo tão avançado em seu desempenho geral que qualquer pessoa que a observe possa facilmente ver que se trata de uma abordagem de sucesso, exibindo um nível revolucionário de desempenho. Uma área piloto é, ao mesmo tempo, um exemplo altamente desenvolvido e uma ferramenta especial de mudança de gerenciamento.

A área piloto quase sempre é a primeira a atravessar os múltiplos ciclos da melhoria. Esses múltiplos ciclos, ou etapas, criam resultados surpreendentes, mas a área também começa a operar em novas formas e passa a desenvolver práticas de gerenciamento *lean*. A área piloto demonstra ao mesmo tempo a força do *lean* e começa a construir uma nova cultura de aprendizado que irá sustentar as melhorias a longo prazo. Torna-se, então, o modelo para o futuro do restante das organizações – em resultados, no desenvolvimento das pessoas e na construção de uma nova cultura de melhoria contínua. Para criar essa área piloto, John Toussaint, então CEO da ThedaCare (atualmente ele é CEO do *ThedaCare Center for Healthcare Value* – uma instituição voltada a aperfeiçoar o valor no conjunto do sistema de assistência à saúde), concentrou-se nos principais fluxos de valor da disponibilização de atendimento à saúde no hospital central do grupo mediante a utilização da análise do fluxo de valor e estabeleceu um impressionante novo plano de trabalho para o nível subsequente de melhoria (ver **Figura 4.10**).

Em seu redesenho dos fluxos de valor principais, a ThedaCare reformulou os processos de trabalho de médicos, farmacêuticos e enfermeiras, redesenhando igualmente a estrutura física dos vários andares do hospital para se adequarem a um novo modelo de fluxo e atendimento colaborativo. Na linha do modelo do atendimento colaborativo, o paciente é atendido por uma equipe multidisciplinar formada por uma enfermeira, um médico e um farmacêutico. Eles estão ali exatamente para elaborar o plano de atendimento daquele paciente, numa abordagem conjunta, usando o conhecimento e a experiência das três disciplinas envolvidas.

O processo de criação desse modelo de fluxo de valor foi, na verdade, baseado no desenvolvimento de três fluxos de valor verticais e 28 eventos *kaizen*. (Nota: O mapa vertical do fluxo de valor é uma ferramenta desenvolvida pela Simpler Consulting para gerenciamento de projetos *lean*, como mostrado na **Figura 4.11**.)

A área modelo da ThedaCare demonstra a aplicação de uma variedade de conceitos básicos *lean*, inclusive *poka-yoke* (dispositivos a prova de falhas) e *jidoka* (parar o processo em condições anormais para evitar defeitos). Além disso, a ThedaCare incorporou a voz real do cliente ao convidar vários de seus pacientes para serem membros da equipe de melhoria. A **Figura 4.12** mostra onde foram instalados portões de proteção (*toll gates*) no fluxo do processo a fim de garantir a qualidade do atendimento ao paciente.

Melhorias no fluxo de valor principal no atendimento à saúde

- Uma visão do atendimento hospitalar com a enfermagem em seu centro
- Um novo modelo de atendimento à saúde baseado em:
  - Mudança nas funções e responsabilidades da equipe (**pessoas**)
  - Inovação (**processos**)
  - Princípios do *poka-yoke*, produção puxada e gerenciamento visual
- Proporcionado em um ambiente desenhado especificamente para o modelo, a fim de reduzir desperdício, para garantir segurança e promover curas.
- Habilitado por T.I.S.
  - Três fluxos de valor verticais
  - Vinte e oito RIEs/projetos

FIGURA 4.10
ThedaCare: atendimento colaborativo.

Fase do processo ⟶

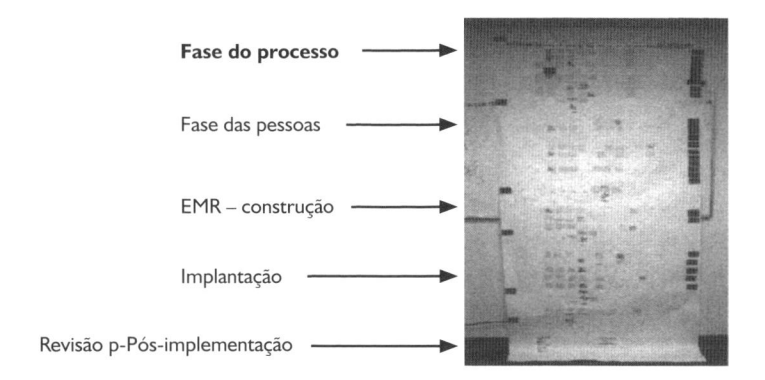

Fase das pessoas ⟶

EMR – construção ⟶

Implantação ⟶

Revisão p-Pós-implementação ⟶

FIGURA 4.11
Planejamento: mapa vertical do fluxo de valor.

PORTÕES DE PROTEÇÃO

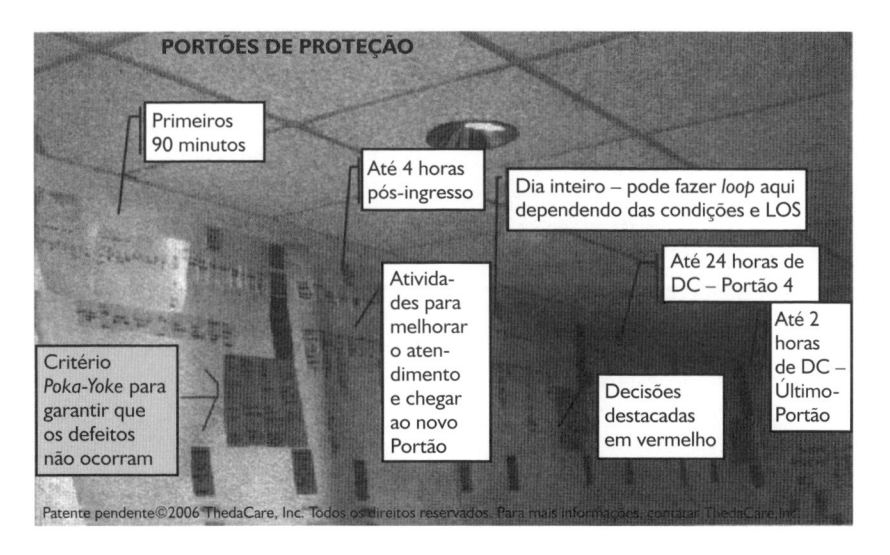

- Primeiros 90 minutos
- Até 4 horas pós-ingresso
- Dia inteiro – pode fazer *loop* aqui dependendo das condições e LOS
- Atividades para melhorar o atendimento e chegar ao novo Portão
- Até 24 horas de DC – Portão 4
- Decisões destacadas em vermelho
- Até 2 horas de DC – Último-Portão
- Critério *Poka-Yoke* para garantir que os defeitos não ocorram

Patente pendente©2006 ThedaCare, Inc. Todos os direitos reservados. Para mais informações, contatar ThedaCare, Inc.

FIGURA 4.12
Portões de proteção (*toll gates*) do fluxo de valor.

A área modelo da Thedacare, no global, reduziu os índices de erros em mais de 80% – isso em uma organização já considerada um modelo nacional em matéria de qualidade de atendimento ao paciente. Além disso, ao ampliar seu atendimento aos pacientes, a duração média da internação foi reduzida em 28%, apesar de um ligeiro aumento nos índices de casos graves. O impacto financeiro foi uma redução de custos na internação por paciente de mais de 30%. Este foi realmente um nível revolucionário de desempenho em assistência à saúde.

O PODER DOS EVENTOS *KAIZEN* DE UMA SEMANA

Os notáveis exemplos de melhorias registrados na ThedaCare, no Red River Army Depot, na FNOK e na British Royal Navy foram todos construídos com a utilização de eventos *kaizen* de uma semana de duração. A Toyota tem lançado mão desses eventos desde seus primórdios. Na linguagem da empresa, trata-se de um evento *jishukin* (estudo voluntário). Mas, em linguagem coloquial, transformou-se no evento de "cinco dias e uma noite", em virtude da intensidade do esforço de trabalho esperada dos integrantes da equipe – o conceito é o de que, trabalhando tanto naquela semana em prol da melhoria, tem-se apenas o equivalente a uma noite de sono. Isso me lembra um treinamento que é feito com os Fuzileiros Navais norte-americanos: parte da abordagem inicial do evento *kaizen* de uma semana trata de pressioná-lo até quebrá-lo, para então reconstruí-lo de acordo com o novo modelo.

Houve muitas experiências na época de Ohno a respeito da estrutura ideal para esses eventos *kaizen*. No final, a estrutura de uma semana comprovou ser a melhor. Era suficientemente prolongada para proporcionar uma amostra significativa de um fluxo de valor e, ao mesmo tempo, permitir que se redesenhasse e *implementasse* o novo processo. Era também um intervalo que não deixava tempo para se discutir se seria possível ou não completar as tarefas até o final da semana. Boa parte do projeto dos primeiros eventos *kaizen* baseava-se em princípios do gerenciamento da mudança – a convicção de que, para inspirar a melhoria, primeiro seria necessário fazer com que as pessoas se dispusessem a ir ao *gemba* (chão-de-fábrica) e fazer reformas no trabalho, e não apenas ficar estudando o trabalho ali realizado.

Assim, havia uma intensidade que raramente você encontra nos dias atuais. Quando meu *sensei* japonês começou a me orientar, estávamos mais próximos do modelo original. Embora se tratasse de um modelo muito inspirador, com o tempo decidimos que poderíamos obter o resultado necessário com um pouco menos de estresse e um pouco mais de sono!

Os eventos *kaizen* são o mecanismo principal para institucionalizar melhorias nos fluxos de valor. Uma das razões é que costumamos nos organizar em torno do modelo de apagar incêndios na condução das nossas tarefas do dia a dia. Nesse modelo, o fluxo de adrenalina do combate ao fogo *sempre* acaba tirando o foco da melhoria da causa-raiz. Embora a melhoria diária seja objetiva no longo prazo, ela é mais um estado final de longo prazo do que uma forma de chegar até lá. Se você focar a melhoria diária em uma organização do tipo combate a incêndio, o combate ao incêndio sairá sempre ganhando, e você constatará que não emprega tempo algum no processo de melhoria da causa-raiz. Assim, um benefício dos eventos *kaizen* consiste em que, como líder empresarial, você sabe que tem, digamos, uma meia dúzia dos integrantes de sua equipe focados na melhoria da situação pelo menos durante aquela semana. Se você conseguir conduzir adequadamente seus eventos *kaizen* e fizer o acompanhamento severo dos resultados (o que, para a maioria das empresas, não acontece no primeiro ano e um pouco além), seu incremento de melhoria será praticamente proporcional ao ritmo dos eventos *kaizen*. Outra vez, a suposição central é a de que você conduza adequadamente os eventos e se mostre diligente no acompanhamento nas áreas estudadas (naturalmente, não costuma ser o caso, um efeito colateral do estilo combate a incêndio com o qual é comum começarmos).

Outro aspecto dos eventos *kaizen* de semana inteira é que, para a maioria dos integrantes da equipe, eles se constituem em experiências de aprendizado. Como destacou um artigo da revista *Fortune* sobre a Toyota, "a Toyota sustenta há muito tempo que o Modelo Toyota só pode ser compreendido por meio de prática constante no local de trabalho sob a supervisão de um professor com profunda experiência".[2] As equipes *kaizen* são, preferentemente, ensinadas por alguém com profunda experiência na aplicação das ferramentas, práticas e princípios *lean*, e em atitudes de liderança *lean*.

Pelas minhas observações na Danaher e na HON/HNI, tornou-se evidente a possibilidade de contar o número de experiências em eventos *kaizen* de uma semana como você contava créditos da faculdade. Em outras palavras, você pode contar como uma hora de crédito, cada semana de evento *kaizen* que você participar integralmente. Em geral, após uma dezena de semanas dessa intensa experiência de aplicação, é como estar saindo do jardim de infância. Você sabe que tudo funciona, mas não tem a menor segurança a respeito do que fazer para repetir seu sucesso em uma área diferente. Se você mantiver a curva de aprendizagem e continuar acumulando experiências de eventos *kaizen*, chegará a outro limite com cerca de 36 a 40 eventos; a essa altura, certamente estará familiarizado com a maioria das ferramentas *lean* em utilização na sua empresa e terá a capacidade de aplicá-las como membro de uma equipe. O aspecto mais interessante é que, embora você saiba como usar as ferramentas, ainda não acredita nos princípios fundamentais do *lean*, e, em consequência, muitas vezes irá se confundir na aplicação delas. Como você ainda não acredita nos princípios que deve aplicar quando estiver usando as ferramentas, pode seguidamente perder o rumo porque eles ainda irão parecer errados por um bom tempo (além de não serem de fácil entendimento, os princípios fundamentais do sistema *lean* constituem o oposto de como fomos ensinados a organizar o trabalho, e por isso a dificuldade em sua aplicação). Acontece que, se você seguir a liderança do seu *sensei* e continuar a construir experiências de eventos, quando estiver por volta do sexagésimo evento, começará a acreditar nos princípios, tornando-se então apto a liderar efetivamente projetos *kaizen*, não apenas porque já conhece as ferramentas, mas também porque já é capaz de implantá-las em um modelo consistente com os princípios do lean.

Por volta da centésima experiência, você descobrirá que os indivíduos passam por uma transformação pessoal – a palavra *conversão* vem igualmente à lembrança. Essas pessoas terão visto que aplicar as ferramentas e seguir os princípios sempre levaram a significativas melhorias, qualquer que fosse o trabalho em estudo, e por isso sabem que é possível. Isso as deixa frustradas com o estado presente de desperdício, e, mais importante, automotivadas para conduzir as melhorias – para sempre! A essa altura, você constata que os indivíduos irão avançar com a melhoria *lean* qualquer que seja o apoio que receberem. Na verdade, eles reformarão organizações, se necessário, para se manter trabalhando num ambiente em que a melhoria é a norma. Esses indivíduos estarão, então, prontos para se tornar *sensei* por seus próprios méritos e convicções.

Quando você tiver desenvolvido uma equipe de indivíduos com esse nível de experiências pessoais, estará no caminho da autossustentação da melhoria contínua. A chave para isso não está no fato de que agora eles sabem tudo que é preciso saber a respeito dos processos *lean*, mas sim que estão absolutamente certos de que sabem como realizar melhoria e de que nunca permitirão ter seu caminho nesse sentido bloqueado.

Eventos semanais de *kaizen* são a maneira pela qual você consegue resultados *lean*, mas constituem igualmente o modo como você aprende; com eles você também se torna motivado a buscar melhorias para sempre, por isso têm forte impacto cultural. A maneira certa de pensar a respeito dos eventos *kaizen* é que eles proporcionam três espécies de resultados: rendimentos crescentes dos negócios, aprendizado básico em ferramentas/princípios e práticas, e uma transformação cultural que solidifica uma organização realmente capaz de aprender e que irá realizar melhorias para sempre. Fica tudo parecido com a explicação de um alpinista quando perguntado por que, afinal, escalava montanhas: "Porque elas existem". A atitude do líder *lean* em relação ao desperdício é a mesma: "Eu me empenho em eliminar o desperdício porque ele existe".

Para a organização, os eventos *kaizen* podem ser usados como uma avaliação de transformação cultural ou mudança de atitude. O resultado mais evidente é que a participação em um evento *kaizen* de uma semana cria novas atitudes e comportamentos. Quando fui trabalhar na HON, solicitei de imediato que cada gerente-geral tratasse de providenciar uma dezena, ou mais, de eventos *kaizen* no prazo de um ano – todos eles, afinal, precisariam se formar no jardim de infância. Um desses gerentes-gerais de unidades de negócios, Dave Melhus (atual diretor administrativo da Simpler), tornou-se depois vice-presidente executivo das indústrias Vermeer. Ele deu início a um programa *lean* nessa organização. Ele havia passado pelo treinamento de jardim de infância e sabia que causaria impacto. Por isso, Dave e Mary Andringa, ambos então CEOs da Vermeer, fizeram uma análise de dois anos do projeto *lean* nessa empresa. Compararam os resultados de sua pesquisa com o número de eventos *lean* de que cada indivíduo até então participara (ver **Figura 4.13**).

Os dados na Figura 4.13 são uma variação do resultado médio da companhia para cada questão de determinado membro na pesquisa (o resultado típico chegava pelos 50). Assim, por exemplo, se você não tivesse participado de nenhum evento *kaizen*, sua avaliação pelo seu supervisor era levemente negativa, em comparação com a média existente na companhia, uma pontuação de –3. Se você tivesse participado de um ou dois eventos *kaizen*, avançava para uma avaliação levemente positiva, ou seja, +3. Se você tivesse participado de três a cinco eventos *kaizen*, avançava para um resultado de +8; e se tivesse participado de seis ou mais eventos, avançava para +13. Com resultados médios típicos para a maioria dessas questões, um +13 significava uma grande diferença.

Analisando-se as principais perguntas em uma visão geral, tornava-se evidente que, quanto maior a experiência *kaizen*, melhor a atitude em relação à empresa: apreciar o supervisor, mostrar satisfação com a questão do envolvimento do empregado e as oportunidades de progresso na carreira, maior satisfação com o trabalho, e foco cada vez mais centrado no cliente. Em conjunto, esses participantes demonstravam ter melhorado fundamentalmente sua avaliação do local de trabalho. Esta é uma avaliação do impacto da formação de cultura com a experiência dos eventos *kaizen* de uma semana de duração.

Estudo similar na ThedaCare, quanto ao impacto da participação nos eventos em relação à mudança de atitudes/cultura, é detalhado na **Figura 4.14**.

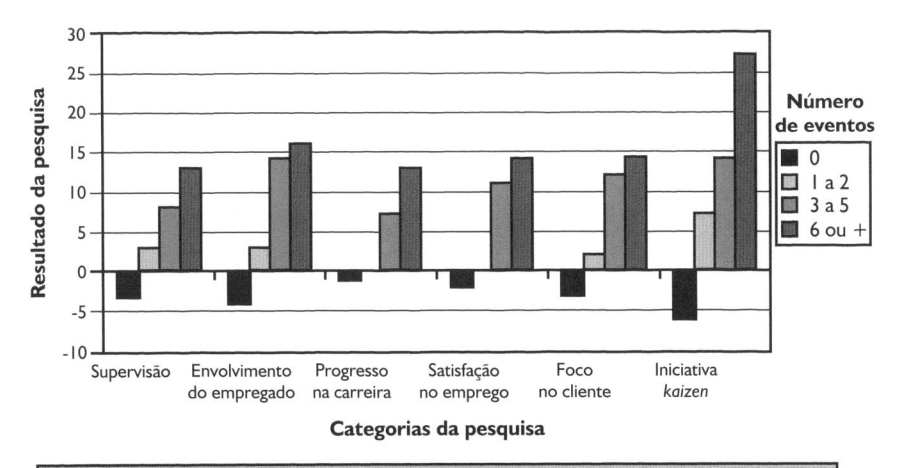

"A chave para o TPS é a pessoa."
"A chave para a pessoa é o envolvimento." Mike DaPrille, VP Toyota Motor Mfg. Corp.

FIGURA 4.13
Resultados da pesquisa comparados com participação em eventos.

Questões	Contagem	Média	Média	Concorda amplamente	Concorda	Discorda	Discorda amplamente
13. Eu recomendaria esta organização a um amigo como um bom lugar para trabalhar	306	3,39		42,8%	53,6%	2,9%	0,7%
14. No cômputo geral, este é um ótimo lugar para trabalhar	315	3,37		41,6%	54,9%	2,9%	0,6%
10. Meu gerente ou qualquer pessoa em seu lugar parece se preocupar comigo como pessoa	318	3,34		38,4%	57,5%	3,5%	0,6%
6. Meu gerente aprecia o trabalho que realizo	318	3,23		33,3%	58,8%	5,7%	2,2%
5. No trabalho, minhas opiniões parecem ter valor	319	3,21		31,7%	58,9%	8,5%	0,9%
11. As pessoas por aqui se dispõem a dar um algo mais para a conclusão de um trabalho	316	3,19		31,0%	58,2%	9,5%	1,3%
7. Meu gerente me proporciona oportunidades de aperfeiçoamento	315	3,16		28,6%	60,3%	9,5%	1,6%
12. Estou satisfeito com minha segurança no emprego	313	3,15		27,5%	62,0%	8,9%	1,6%
8. As pessoas são incentivadas a fazer um equilíbrio entre o trabalho e a vida pessoal	317	2,98		17,4%	64,7%	16,4%	1,6%
9. A gerência mantém os compromissos assumidos com o pessoal	311	2,89		12,5%	66,2%	19,3%	1,9%
Médias gerais	314,8	3,19		30,5%	59,5%	8,7%	1,3%

- Diferenças estatisticamente significativas (aumento da satisfação) em 7 dos 10 itens para participantes de RIEs (eventos)
- Satisfação aumenta rapidamente até atingir um patamar em cerca de 8 experiências
- Satisfação maior entre empregados que participam de dois ou mais eventos
- O item com o maior grau de satisfação é "Eu recomendaria esta organização a um amigo como um bom lugar para trabalhar"

FIGURA 4.14
Pesquisa sobre participação em RIE (eventos).

Nesta circunstância específica, 7 de 10 áreas pesquisadas mostraram que os resultados de satisfação são positivos. Daqueles que participaram em dois ou mais eventos, o nível geral de satisfação foi maior, e a maior ênfase identificada na categoria foi "eu recomendaria esta organização a um amigo como um bom lugar para trabalhar". A outra principal constatação desse estudo foi o fato de que o incremento positivo nas atitudes relativas à organização aumentou rápida e significativamente a partir do segundo evento, e assim consecutivamente até o oitavo evento. Depois de oito eventos, os resultados da pesquisa começaram a se manter em um nível excepcionalmente alto de comprometimento pessoal com a organização.

RESUMO

A análise do fluxo de valor é uma forma de elaborar um plano de ação e um caminho para começar a aprender a identificar o desperdício. E quanto mais vezes você percorrer um determinado fluxo de valor, melhor ele passará a ser; assim, um de seus primeiros objetivos deve ser selecionar um fluxo de valor de maneira que você possa retornar a ele várias vezes a fim de mostrar à sua organização que é possível promover melhoria contínua. Além disso, eventos *kaizen* não apenas geram os ganhos *lean* que você procura, como também proporcionam o caminho para que as organizações conheçam as ferramentas, passem a acreditar em princípios, e comecem a transformar suas culturas.

NOTAS

1. Henry Ford and Samuel Crowther, *Today and Tomorrow* (Garden City, NY: Doubleday, Page & Company, 1926).
2. Clay Chandler, "Full Speed Ahead", *Fortune,* February 7, 2005.

5
PRÁTICAS ORGANIZACIONAIS TÁTICAS

Este capítulo apresentará uma visão geral das práticas de implantação de uma transformação *lean* no dia a dia. Chamo-as de "práticas organizacionais táticas" (em oposição às estratégicas práticas organizacionais de nível superior do Capítulo 6), que incluem a ligação entre os índices anuais de melhoria de dois dígitos nas métricas do Norte Verdadeiro e o andamento do estudo/melhoria do processo. Serão abordadas, igualmente, algumas das diretrizes que cercam o nível e o tipo de recursos que fazem desse ritmo algo que pode ser sustentado no longo prazo. Também serão vistas aquelas diretrizes específicas da sustentação da melhoria contínua em áreas administrativas, bem como as diretrizes e as práticas da realocação de pessoal. Essencialmente, este capítulo proporcionará ao leitor práticas *lean* específicas essenciais à consecução de resultados *lean*, ao mesmo tempo em que vão consolidando a adesão e o ânimo organizacionais. Diversas abordagens foram tentadas antes de me fixar nas diretrizes aqui discutidas. Talvez não sejam práticas ótimas, mas são viáveis e têm apresentado consistentemente bons resultados.

A REGRA $n/10$

Seu ritmo de implantação de melhoria é quase proporcional ao ritmo do estudo e da mudança de processos bem-sucedidos – ou seja, ao ritmo dos eventos que você implanta como apoio aos planos de ação de melhoria do seu fluxo de valor. Na verdade, você pode equiparar o ritmo de realização dos eventos *kaizen* aos ganhos de melhorias de dois dígitos nas quatro métricas do orte Verdadeiro (ver Capítulo 3). No mínimo, existe um ritmo normal de realização de eventos/processos de melhoria que se exige para atingir um determinado nível de resultados de melhoria.

A partir de minha experiência tanto na Danaher quanto na HON/HNI, um bom ritmo de realização de eventos de longo prazo de aproximadamente $n/10$

parece dar os resultados esperados. O *n* é o número de pessoas no fluxo de valor que está sendo trabalhado (ou na instalação total em transformação, ou na companhia globalmente, quando estiver em andamento uma transformação abrangendo o empreendimento em sua totalidade). Dividir a população por 10 (a regra *n*/10) dá o número aproximado de eventos anuais (ou seja, equipes de 6 a 8 semanas pela semana inteira, estudando e aperfeiçoando um processo no âmbito de um fluxo de valor). Assim, em uma corporação de mil pessoas, um índice de melhoria de processos sustentável a longo prazo seria de cerca de 100 eventos *kaizen* por ano. Esse é o ritmo que deveria proporcionar ganhos de dois dígitos nas quatro métricas do Norte Verdadeiro, algo em torno de 10 a 30% de melhoria anual em qualidade (índices de reclamações de clientes externos, índices de defeitos internos, etc.), *lead time* (*lead times* dos clientes, níveis de estoque, etc.), custo (produtividade no nível do empreendimento) e indicadores de desempenho de desenvolvimento humano (índices de participação em eventos, percentagens de acidentes, índices de flutuação de pessoal, etc.).

Nas 17 unidades de negócios da HON Company, projetamos e concretizamos índices de melhoria que incluíam:

- Redução anual de 20% dos índices de acidentes
- Redução anual de 20% tanto das reclamações dos clientes quanto dos índices de defeitos
- Redução anual de 50% dos *lead times*, até que chegamos ao ciclo de um único dia (este foi um objetivo estratégico fundamental para garantir o maior crescimento do índice de satisfação dos consumidores, como um meio de gerar crescimento através dos processos *lean*, para absorver recursos liberados – especialmente recursos humanos – por meio do projeto *lean*)
- Crescimento de 15% da produtividade do empreendimento (tipicamente, cerca de 15% de crescimento das vendas com os mesmos índices de empregos a cada ano)

Esses índices de melhorias são agressivos, mas foram superados durante outra transformação *lean* que tive a oportunidade de testemunhar. Eles exigem disciplina rígida, mas um ponto fundamental é que não se pode esperar semelhantes índices de melhoria sem fazer primeiro o difícil trabalho de estudar e melhorar os processos – a função da regra do *n*/10. Aperfeiçoar aquelas quatro métricas do Norte Verdadeiro com índices de dois dígitos a cada ano é uma realização que levará cada item da declaração de renda e do balanço de equilíbrio na boa direção. Na HON, crescemos basicamente 15% ao ano sem agregar novos recursos humanos (com alguns desgastes em função de demissões a cada ano), sem aumentar o espaço de chão de fábrica (o aumento do fluxo no chão de fábrica implica no aumento de desperdícios), sem acrescentar muito capital ativo (fluxos mais ágeis significam menor estoque por dólar de vendas), e com reduzido capital imobilizado por dólar de rendimento em função da melhor utilização dos ativos de capitais.

Para outro exemplo de como tudo isso funciona, basta examinar o progresso na Freudenburg-NOK (FNOK) durante sua transformação *lean*, como esboçada pelo CEO Joe Day, durante uma Convenção Anual do Prêmio Shingo. A **Figura 5.1** mostra o ritmo anual de realização de eventos e as economias financeiras líquidas da FNOK.

A FNOK era basicamente uma organização de 5 mil pessoas, que havia fixado como meta um ritmo mais agressivo de realização de eventos, de cerca de $n/5$. Ao ritmo de $n/5$, isso daria uma meta de mil eventos por ano. À medida que a FNOK avançava em sua jornada *lean*, os líderes da empresa incrementaram seu projeto para os primeiros três anos. O primeiro foi 1992, um ano parcial em função do início do programa já no segundo semestre. Foram realizados 200 eventos em várias unidades de negócios naquele ano, gerando 2 milhões de dólares em economias líquidas. Em 1993 (o primeiro ano completo), foram realizados 600 eventos e atingidas economias líquidas de 4 milhões de dólares. Em 1994, foi atingido o rimo projetado de mil eventos anuais, que continuaram sendo realizados nos sete anos posteriores. Um fato interessante é que as economias líquidas anuais representaram 7 milhões de dólares por ano em 1994, 1995 e 1996. Em 1997, enquanto suas habilidades se consolidavam e começava a se firmar um verdadeiro crescimento *sensei* formado internamente, as economias líquidas da FNOK aumentaram para 16 milhões de dólares. No ano seguinte, com maturidade adicional, a FNOK economizou 19 milhões de dólares. Em 1999, essas economias aumentaram para 21 milhões de dólares, aumentando novamente, em 2000, para 30 milhões de dólares, e mais uma vez, em 2001 (o

Freudenburg NOK (FNOK) – Total da Corporação

	1992	1993	1994	1995	1996	1997	1998	1999	2000	2001
N° de Eventos	200	600	1000	1000	1000	1000	1000	1000	1000	1000
$ economizados em milhões	2	4	7	7	7	16	19	21	30	31

SE VOCÊ CONTINUA APLICANDO AS FERRAMENTAS, CONTINUA A GERAR ECONOMIAS

FIGURA 5.1
Reversão da lei da redução dos rendimentos.

ano anterior à apresentação de Shingo), para 31 milhões de dólares. Esse é um daqueles aspectos contrários à natureza do *lean*; normalmente, esperaríamos uma diminuição dos ganhos em economias com a contínua aplicação do mesmo *kit* de ferramentas. No entanto, com o método *lean*, testemunhamos uma vez mais, e outra ainda, que as organizações que se mantêm no rumo têm condições de demonstrar seus ganhos aumentando à medida que seu desenvolvimento humano progride com mais e melhores experiências com as ferramentas, práticas, princípios e atitudes de liderança característicos do *lean*.

Assim, são duas as lições no exemplo da FNOK:

1. o resultado do ritmo de realização de *n*/10 de eventos *kaizen*; e
2. o fato de que você começa a se mostrar realmente capacitado neste aspecto apenas a partir do quinto ou sexto ano de uma iniciativa *lean*; os ganhos irão então se acelerar no mínimo até o décimo ano, ou mais.

PROJETANDO EQUIPES DE MELHORIAS

No decorrer dos anos, as organizações em que trabalhei testaram uma ampla variedade de teorias sobre quem deveria estar necessariamente presente em uma equipe de melhoria de uma semana. A melhor prática revelou-se como uma equipe de 6 a 9 pessoas, entre elas, obrigatoriamente:

- Um supervisor da área objeto de estudos. Ele tem o conhecimento detalhado dos processos atuais, e depois da semana do evento estará dominando o novo processo.
- Dois ou três integrantes da área. Eles conhecem a maneira pela qual o trabalho é feito no momento, e estarão ajudando o restante da equipe a convencer-se da validade dos novos métodos depois do evento; e mais, sua experiência pessoal com evento *kaizen* faz parte do processo de mudança cultural no longo prazo. Esses integrantes de primeiro nível não apenas serão dotados de novas habilidades de análise e solução de problemas, como também passarão a apreciar e a dar suporte a melhorias em suas áreas de trabalho. Fica sempre demonstrado que a maneira mais motivadora pela qual as pessoas podem se envolver com seu lugar de trabalho é a melhoria dos seus próprios processos de trabalho. Já está comprovado que a ausência de melhorias em áreas e processos de trabalho é uma grande fonte de frustração pessoal a cada dia de trabalho.
- Um ou dois integrantes da equipe com bastante experiência anterior de equipe *kaizen*. Eles agregam eficiência à equipe, tanto pelo conhecimento quanto por já acreditarem que o método *lean* funciona. São, ainda,

pessoas que estarão contribuindo com farta experiência na realização de eventos e que certamente se tornarão seus próprios *sensei* no futuro, à medida que forem atingindo suas experiências de 60 a 100 eventos ao longo dos anos.

- Um ou dois integrantes opcionais da equipe. Talvez não agreguem muito valor ao evento como tal, mas estarão ali em busca de um aprendizado pessoal. É preciso ter em mente, contudo, que um excesso de integrantes opcionais pode ser um fator de desvio das atenções, em função de sua inexperiência, e por isso é aconselhável limitar seu número em cada equipe. Não ajuda ter equipes com um número maior de componentes opcionais em relação aos integrantes com experiência em equipes *lean*.

Uma equipe característica de evento tem um líder e um assistente. A melhor prática nesta área indica que o líder da equipe seja um *sensei* em ascensão – alguém com bastante experiência *lean* na empresa – e que o assistente seja o supervisor de área. Se o supervisor de área for o líder da equipe, ele tenderá a tentar minimizar a mudança, em vez de maximizar a melhoria. Ainda assim, o superior deverá ser mantido próximo da ação durante a semana do evento, e por isso o fato de trabalhar como assistente do líder da equipe é recomendável.

Na categoria de membro opcional da equipe, analise a possibilidade de incluir pessoal da gerência e de outras funções executivas, que possam usar esse evento para desenvolver experiência pessoal aprendendo a ver o desperdício e a removê-lo. As organizações *lean* de maior sucesso exigem que todos os integrantes das áreas executivas passem por um número mínimo de experiências em tais eventos em seu primeiro ano na empresa. Parte do seu plano geral de apoio à transformação (estudada no Capítulo 6) deveria ser um plano de ação detalhado de como cada evento *kaizen* será usado para capacitar outro executivo sênior a aprender por meio de um evento *kaizen* básico.

Executivos seniores deveriam ser membros – e não líderes – da equipe quando fossem incluídos. Líderes seniores normalmente não são dotados de habilidades *lean* suficientemente fortes; como regra, não conhecem muito bem a área em que trabalham, e a melhor experiência de aprendizado para eles é a de fazer parte de uma equipe em tempo integral e de forma participativa. Quanto mais sênior esse executivo for, mais tentará impor que para ele é suficiente a participação apenas em tempo parcial. Disso resulta que a experiência de aprendizado pessoal desse executivo fique prejudicada, além de demonstrar desrespeito para com o restante da equipe. A melhor prática para executivos integrantes de uma equipe é que sejam tratados como se estivessem em férias. Executivos seniores de alguma forma conseguem poucas semanas de férias por ano, e a organização mesmo assim, funciona perfeitamente. A participação no evento semanal precisa ser tratada dessa mesma forma.

Outro membro opcional que será bom ter em uma equipe é um vendedor, especialmente se a empresa dele fornecer material ou serviços ao fluxo de valor que você está estudando. Da mesma forma, no outro extremo do fluxo de valor, você poderá desejar que um cliente faça parte da equipe. Ocasionalmente, algumas empresas permitem que indivíduos de outras organizações, também interessadas pelo processo *lean*, participem da experiência de realização de um evento *kaizen* como membros de equipe. Não que isso seja essencial para o seu sucesso, mas é, sem dúvida, uma boa forma de compartilhar o seu aprendizado.

CAUSA DE INSUCESSO DE EVENTO PRINCIPAL

Há empresas que realizam um evento *kaizen* de uma semana, fazem mudanças de processos e não esperam pelo acompanhamento dos resultados nas semanas seguintes; dessa forma, nem todas as melhorias ali consensadas chegam a se concretizar. Este é a causa mais comum de insucesso de um evento, pelo menos até as empresas se cansarem do desperdício inerente a essa prática.

Caracteristicamente, os integrantes das equipes produzem uma *lista de metas* do *kaizen*, com os itens que precisam ser realizados até o encerramento da semana do evento. Noventa e cinco por cento das mudanças já terão sido feitas, mas os 5% restantes continuarão esperando por algum material a ser comprado, um pouco mais de tempo de sala para as ferramentas, e assim por diante. Não é incomum que esses itens sejam negligenciados, sendo este o motivo pelo qual precisam ser destacados. Embora esses itens possam parecer, para a administração, coisas relativamente sem importância, para as pessoas na área de trabalho eles são um fator crítico para o sucesso. São, também, indicativos do apoio da administração às mudanças – ou da falta dele. E para aqueles que não desejam qualquer mudança, a irritante lista de itens que não foram alcançados é motivo suficiente para não aderir ao novo método melhorado.

Mas há também um conceito *lean* mais básico em andamento logo após um evento formal de melhoria. Ohno falou a respeito de como remover uma camada de desperdício torna a camada seguinte mais visível. Boa parte do desenho do sistema da abordagem *lean* é voltado para esse objetivo; na verdade, no típico desenho do sistema, o desperdício torna-se visível por meio da interrupção do trabalho sempre que houver algum problema não resolvido. O que você faz no decorrer de um evento elimina desperdício (coisas como excesso de estoque, excesso de pessoal, etc.). Depois de um evento, no qual você conseguiu concretizar significativas melhorias e com isso levou o sistema em direção ao fluxo unitário de peças, você irá constatar que o sistema é desenhado de forma a que problemas menores que normalmente ficavam ocultos sob os excessos de pessoal e de estoque passam a ser visíveis na superfície, normalmente por meio da parada da linha ou do fluxo de agregação de valor. Na realidade, o processo chega a um impasse em função de uma sucessão de problemas cada vez menores. O processo *lean* diz respeito à solução de problemas de causa-raiz, e o sistema está tentando mostrar a camada seguinte de problemas anteriormente não identificados, a fim de que você consiga resolvê-los em nível de causa-raiz e crie com isso o nível seguinte de melhoria.

Naturalmente, quando sua organização é do tipo normal, daquelas acostumadas com o permanente combate a pequenos incêndios, cada vez que o sistema chega a um bloqueio parece que o novo sistema não consegue funcionar; mas a verdade é que ele está trabalhando para expor o desperdício adicional. Isso significa que, durante várias semanas após um evento, você irá precisar manter uma parte considerável dos seus recursos reservados ao *kaizen* na área de trabalho resolvendo todos os pequenos problemas que o sistema está empurrando para a superfície à medida que deixa a próxima camada de desperdício visível. A boa notícia é que isso irá também proporcionar o nível seguinte de melhoria. A má notícia reside em que, se você não resolver esses novos problemas, o sistema tenderá a uma parada completa, e você provavelmente passará a regredir.

A DIRETRIZ DOS 3%

Outro princípio básico que resulta da experiência com vários níveis de suporte *lean* é a *diretriz dos 3%*. A fim de preparar-se para um ritmo de eventos n/10, realizar os eventos e então promover o acompanhamento de qualidade e a análise e solução de problemas, é preciso contar com alguns recursos reservados exclusivamente para dar sustentação à jornada *lean*.

Minhas experiências comprovaram que as organizações do tipo combate a incêndios são incapazes de fazer seus funcionários ocuparem uma parte de seu tempo trabalhando com melhorias. Em várias épocas, contratei funcionários que deveriam se dedicar exclusivamente a projetos de melhoria, só para constatar, depois, que eles eram engolfados pelo combate aos incêndios, o que fazia meus recursos cuidadosamente gerados de melhoria simplesmente se evaporarem. Com isso, aprendi que, se quisesse a garantir que parte dos recursos da organização fossem realmente reservados para melhorias fundamentais, precisaria contar com pessoal em tempo integral, proibido de agir no combate a incêndios. Liberados da rotina, a missão deles seria a de estabelecer todas as garantias para que nossas práticas e processos de trabalho venham a ser *amanhã* bem melhores do que são *hoje*.

Recursos em tempo integral para a mudança *lean* são essenciais na etapa de conduzir uma organização ao nível seguinte de desempenho. Para trabalhar num ritmo de eventos que siga a regra do n/10, foque eventos que produzam significativos resultados das métricas do Norte Verdadeiro. Para garantir que a companhia não reverta às velhas práticas depois de cada evento de melhoria, o suporte apropriado da organização deve ser de cerca de 3% dos empregos totais do fluxo de valor, local de trabalho ou unidade de negócios. Esses 3% de indivíduos fazem grande parte do trabalho de preparação pré-eventos, são normalmente membros das equipes durante os eventos (e por estarem, como tal, destinados a ganhar mais experiência em eventos, são a nossa única oportunidade real de contar com futuros *sensei*) e dão apoio ao supervisor de área para acompanhamento/solução de problemas depois de um evento.

Na verdade, cerca da metade do trabalho dos 3% que estão integralmente em tempo *lean* é o acompanhamento dos resultados de eventos. Depois de um evento, o sistema costuma fazer emergir problemas há muito submersos. O supervisor de área pode ter limitada experiência tanto *lean* quanto em análise e solução de problemas, e provavelmente nutre uma mentalidade de combate a incêndio. Para contrabalançar tudo isso, os 3% proporcionam uma fonte de recursos de solução de problemas *lean* capaz de reagir àqueles problemas ocultos que continuam emergindo à superfície. Se esses recursos capacitados na solução de problemas não se encontrarem na área de trabalho nas semanas imediatamente posteriores a um evento, a equipe na área poderá ser sobrecarregada e decretar, com isso, o insucesso do programa em sua totalidade. (Esta abordagem de acompanhamento zero resulta em quase 100% de fracasso nos primeiros poucos anos das iniciativas *lean* na maioria das organizações.)

Muitos executivos consideram a tentativa de formar este grupo dos 3% um desperdício de recursos. Minha opinião foi sempre oposta, porque eu queria consolidar um recurso que, sabia, iria nos tornar melhores a cada dia. Ao longo de toda a minha carreira, constatei que esses recursos voltados exclusivamente para a melhoria eram a fonte primária da melhoria financeira e, assim, estavam destinados a ser um dos nossos ativos mais importantes. Mesmo executivos que concordam, porém, têm dificuldades em imaginar como consolidar esse tipo de recursos, dadas as restrições do orçamento do dia a dia. A resposta passa a precisar ser direta, ainda que dura. Você usa os recursos que ganha com a melhoria da produtividade para enxugar sua equipe exclusivamente *lean*.

Em média, uma semana de evento pode ter quatro equipes de eventos *kaizen* focadas em quatro das questões principais identificadas na análise do fluxo de valor. Uma ou duas dessas equipes provavelmente focarão a melhora da produtividade em alguma área do fluxo de valor. Por exemplo, na HON, em um período de dois anos, 49% de nossas equipes (491 equipes de eventos *kaizen* no total) tinham um foco prioritário no uso da ferramenta padrão de trabalho. E das 491 equipes de melhoria total, o ganho médio em produtividade foi de 45%. Dado isso, poderíamos tranquilamente estabelecer o número de pessoas que poderíamos liberar antes mesmo do início do evento. Sabendo que poderíamos liberar recursos pessoais com cada um desses eventos *kaizen*, estabelecemos um padrão de que, para cada cinco pessoas que liberássemos em função da implantação do *lean*, agregaríamos uma em tempo integral à equipe dedicada exclusivamente às melhorias.

Isso basicamente nos disse duas coisas:

1. iremos financiar nossos recursos de melhoria por meio de nossos projetos de melhoria;
2. iremos reinvestir 20% de nossas economias em produtividade com recursos que acelerem nosso ritmo de melhorias.

Atingimos a situação de poder financiar totalmente nossa equipe exclusiva dos 3% ao final do primeiro ano do método *lean* – sem contratar qualquer pessoa a mais e sem reduzir com isso os recursos de qualquer área de trabalho já em funcionamento.

Para participar da equipe de melhorias em tempo integral, selecionamos os melhores quadros da organização, e não qualquer um que tivéssemos liberado na semana anterior. Usamos os recursos humanos liberados, por meio de um processo de reposicionamento, para "pagar" pela exclusividade dos recursos de que necessitávamos. Você irá investir uma grande soma de tempo e trabalho no aprendizado pessoal de cada integrante das equipes exclusivas, e por isso precisará certificar-se de que são realmente os melhores e mais capacitados. No mundo *lean*, a definição de melhores e mais capazes tem diferença em relação à da prática diária. Basicamente, o critério de seleção é semelhante ao que a Toyota usa para contratar seus empregados. Você deseja selecionar pessoas que:

- Consigam aprender coisas novas
- Possam identificar e resolver problemas
- Trabalhem bem em equipe
- Possam comunicar-se adequadamente

Como tantas coisas na Toyota, essa lista pode parecer simplista, mas a verdade é que se trata do resultado de pensamento e decisão incrivelmente criteriosos. Por exemplo, faça a seleção de pessoas capazes de identificar e resolver problemas. A experiência da Toyota indica que essas são duas habilidades separadas. Em seu processo de seleção, a Toyota usa simulações e outros métodos para encontrar pessoas com capacidade de identificar problemas; o que se constata é que muitas pessoas não parecem capazes de ter consciência de problemas mesmo quando eles existem por todos os lados. Obviamente, é impossível resolver problemas quando não se sabe identificá-los.

Além disso, em uma indústria manufatureira, pode ser útil buscar associados com habilidades técnicas; ajuda muito contar com alguns ferramenteiros, outros tantos elementos de manutenção, e engenheiros industriais ou de produção em uma equipe *lean* de tempo integral. Na verdade, o ideal seria que 75% de sua equipe fossem técnicos nesse sentido, porque a solução de muitos problemas exige conhecimento de processo, *projeto* de ferramentas, etc.

Outra pergunta-chave sobre a diretriz dos 3% é quem deve liderar essa equipe. A resposta poderá surpreendê-lo: ninguém melhor do que o provável sucessor do local ou unidade de trabalho. Um problema muito comum no método *lean* é quando um gerente-geral está habilitado e começa a construir uma organização com aprendizado *lean*. Então, cinco anos depois, ele é promovido e seu sucessor assume o comando – o problema é que essa pessoa vinha exercendo outra função-chave na organização e nunca se envolveu diretamente na transformação *lean*. O sucessor falará a linguagem mas não estará realmente comprometido com a transformação *lean*. A solução para isso consiste em transformar esse sucessor no líder da equipe exclusivamente *lean*, onde ele poderá se tornar um profundo conhecedor da transformação *lean*. Adotar essa abordagem inclui um grande valor de comunicação no início de sua jornada. Todos normalmente sabem quem é, afinal, o provável sucessor (ou, pelo menos, quem está na disputa por esse papel), e, se essa pessoa for colocada na condição de comandante em tempo integral do projeto de transformação, perceberá que a transformação *lean* é de fato importante – e é melhor que todos concentremos nossas atenções nesse ponto.

Muitas organizações, no entanto, fazem exatamente o contrário e gastam seu tempo procurando alguém que esteja apenas disponível para colocá-lo no comando do projeto *lean*. Porém, a verdade é que, quando alguém está disponível, há em geral um bom motivo para isso, e todos os integrantes da organização provavelmente já sabem qual é esse motivo. Se você quiser acabar com seu projeto antes mesmo de começá-lo, procure alguém "disponível" e o coloque na liderança da sua equipe exclusiva! Mas, se o que você quer é realmente o sucesso, entregue ao seu gerente mais enérgico a liderança dos projetos de tempo integral com o sistema *lean*.

Tenha sempre em mente que, no início da jornada, ninguém dispõe da experiência necessária para acreditar piamente no seu sucesso e, por isso, entregar aos seus gerentes mais enérgicos o comando do projeto em tempo integral representará um ato de fé – a essa altura, imprescindível. Ainda que não pareça "certo" colocar tais pessoas no comando, essa será uma decisão capaz de produzir fartos dividendos durante muitos anos.

Convém, igualmente, lembrar que a equipe *lean* exclusiva que você formar será o único grupo de pessoas dotado de bastante experiência de eventos *kaizen*, ou seja, seus integrantes serão, no futuro, os seus *sensei* no plano interno, exatamente as pessoas com um grau de experiência *lean* suficiente para garantir a continuidade do seu projeto de melhorias – para sempre.

EQUIPES ADMINISTRATIVAS

Equipes focadas na melhoria dos processos administrativos são muito parecidas com qualquer outra equipe de melhoria – mas, ao mesmo tempo, diferentes. São parecidas no fato de usarem as mesmas ferramentas e princípios empregados para orientar a melhoria *lean* em outras áreas. Mas são diferentes porque os seus integrantes pensam de maneira diferente a respeito de seu trabalho.

O primeiro fato a merecer alguma reflexão é como organizamos o trabalho administrativo em todos os setores. Na indústria, costumávamos menosprezar a produção em lotes, na qual construímos departamentos de processos pela combinação de todos os tipos similares de máquinas em departamentos separados, exigindo que tenhamos de transferir peças entre aqueles departamentos a fim de completar a montagem. Em alguns casos, uma operação de estocagem precisou ser acrescentada entre cada um dos passos de agregação de valor do processo. Quase todo mundo sabe que essa é uma forma incorreta de organizar trabalho e gera muito desperdício. Em geral, se você transformar uma operação de lotes em uma operação ao modelo de fluxo da Toyota (com cinco análises de cada fluxo de valor a fim de realizar uma considerável melhoria *lean*), conseguirá resultados assombrosos: redução de 90% no tempo e estocagem de fluxo, redução de 90% nos defeitos, índices de acidentes 90% menores, e 80% menos trabalho.

De maneira similar, muitas companhias organizaram o trabalho administrativo no modelo de lotes. Departamentos funcionais são parecidos com departamentos de processos, em que o trabalho dessa especialidade funcional é realizado. Mas, quando você realmente pretende completar um processo – fazer um fluxo de valor administrativo fluir de verdade –, descobre que precisa confrontar seus departamentos de processos e o fato de que os dados que está tentando transformar em informações viajam em caixas de dados de departamento em departamento. Pense, por exemplo, no fluxo de dados que você usa para pagar um vendedor. Ele começa com uma ordem de compra, depois vem um recibo de compra, em seguida é preciso ir à inspeção para aprovar o recibo, mais adiante à contabilidade para compatibilizar todos os documentos, e dali normalmente há um ou dois passos de retrabalho, até que se obtém a aprovação do pagamento (muitas vezes dada por outro departamento), e só então você paga a conta. E praticamente todos esses passos de trabalho fluem pelo sistema postal, agregando mais trabalho sem agregação de valor ao conjunto. Por isso, os especialistas em *lean* conseguiram realizar o *kaizen* em processos assim, e uma das abordagens mais completas consistiu em contar com uma robusta cadeia de suprimentos, em que você paga o vendedor automaticamente no momento do pedido por saber que todas as outras ações integrantes dessa transação serão feitas. Em qualquer circunstância, o resultado final é que cada processo administrativo é organizado em conceitos de lotes e tem níveis de lotes de *muda* (desperdício), ou seja, há aqui uma grande oportunidade.

Mas, apesar de toda essa oportunidade, você quase nunca encontra métricas do Norte Verdadeiro em áreas administrativas – melhor falando, nem mesmo *um único* indicador de desempenho em áreas administrativas. O que se encontra nessas áreas, pelo contrário, é uma grande resistência à ideia de ser avaliado. Em operações, as pessoas se acostumam com o fato de ter seu trabalho avaliado, seja qual for a modalidade usada para tanto, mas, à medida que você conduz eventos *lean* em áreas administrativas, constata que é muito difícil fazer os integrantes da equipe admitirem que isso possa ser um ganho. Eles normalmente se sentirão à vontade para falar de seus ganhos em qualidade, ou mesmo em processamento, mas quase nunca admitem voluntariamente que tenham alcançado um ganho em produtividade. Em outras palavras, se você reduzir à metade as etapas de um processo, o que leva a reduzir pela metade o *lead time* e os erros, isso provavelmente servirá para justificar que você irá reduzir também à metade o conteúdo do trabalho. Mas os ganhos tendem a ser escondidos pelo próprio pessoal administrativo. Esses ganhos em produtividade estão presentes (e podem ser mais facilmente postos em prática ali do que em uma área de produção), mas o conceito de incorporá-los em uma área administrativa é algo estranho, de tal forma que é indispensável gerenciar o processo de melhoria com mais cuidado do que em outras áreas.

Uma ideia que coloquei em prática nas minhas empresas foi a de fazer as equipes administrativas *lean* se reportarem aos contadores da empresa. Eles sabem que não são responsáveis pela geração de um resultado, mas é deles a responsabilidade pela descrição mais detalhada possível desse resultado em números. Essa situação dificulta as equipes se reportarem a eles com resultados inconsistentes ou incompletos. Por isso, fazer a equipe administrativa se reportar à área financeira ou de contabilidade provavelmente proporcionará avaliações realistas e resultados verdadeiros.

Outra sugestão é montar equipes administrativas exclusivamente *lean*, em vez de mesclar equipes *lean* com o setor administrativo e de operações. Em minha experiência, sempre que eu descobria um bom líder de equipe em operações com capacidade de aplicar as ferramentas *lean* e lhe pedia para liderar uma equipe administrativa, os resultados eram sempre um sucesso. O problema é que tais pessoas dificilmente são encontradas trabalhando em áreas administrativas, onde ninguém está acostumado a avaliar seu próprio desempenho, e por isso os candidatos a líderes estão sempre querendo voltar para operações. Para contrabalançar essa tendência, comecei a formar equipes *lean* exclusivamente administrativas que não faziam nada mais do que eventos *lean* nas áreas administrativas. Assim, ninguém mais poderia fugir da administração! E todos foram ficando cada vez mais hábeis na habilidade procurada. Outro benefício das equipes *lean* que trabalhassem exclusivamente em áreas administrativas era, por exemplo, que a mescla de habilidades nas equipes administrativas precisava ser diferente daquela existente na produção. Sempre que as habilidades técnicas para a produção envolvessem manufatura de ferramentas e outras semelhantes, as habilidades técnicas que eram úteis para as equipes administrativas envolviam pessoas com real conhecimento do sistema de TI, como transformar *software*, saber como o sistema financeiro funcionava, etc. Eram pessoas ainda assim orientadas para o campo técnico – o que incluía "técnico em escritório", também.

Na maioria das empresas de manufatura, cerca de metade dos seus integrantes não integra os quadros da produção – e normalmente ganha mais do que esses – e por isso você normalmente constata que dois terços de seu custo e potencial de empregados para ganhos em produtividade repousam nos processos administrativos. O resultado: não é possível chegar a um empreendimento *lean* sem se aprofundar no trabalho administrativo *lean* – e ponto final!

Quando analisamos os resultados de nossas equipes administrativas na HON/HNI, constatamos que atingiam uma redução média de 33% no tempo de ciclo para o fluxo de valor/processo, de 46% no número de etapas, e um aumento de 85% na produtividade. Argumentos poderosos!

REALOCAÇÃO DE PESSOAL

A realocação de pessoal é uma área muito interessante para a prática *lean*. Típica das coisas marcantes da Toyota, a abordagem dessa questão pelo conglomerado mostra-se o oposto daquilo que você normalmente se inclinaria a fazer. Pense, por exemplo, a respeito de como as empresas costumam conduzir a realocação de pessoal. Digamos que você recém comprou um novo sistema de TI ou uma máquina de última geração, que lhe proporcionará trabalhar com uma pessoa a menos na respectiva área. Como selecionar a pessoa a ser realocada? A maioria dos gerentes é instruída a otimizar aquela equipe, e isso significa que, se você puder agora dirigir o grupo com uma pessoa a menos, tenderá naturalmente a escolher o menos capacitado e transferi-lo para fora dessa área. (Na verdade, existem gerentes que chegam a dar grau máximo ao pior subordinado, na esperança de que alguma outra área, da própria empresa ou de fora, venha a se interessar por essa pessoa, tirando-a daquele setor.)

Mesmo que os integrantes da equipe saibam que essa pessoa era a menos capacitada do grupo, ainda assim é alguém com quem trabalharam durante anos (talvez até conhecendo sua família), e não gostariam de vê-la "prejudicada". Da mesma forma, o menos capacitado passa por uma experiência igualmente traumática. Ele sabe que é o menos eficiente da equipe e está sempre com medo de ser demitido. Com isso, a moral do grupo tende a sofrer, qualquer que venha ser o desfecho da questão.

Na Toyota, a prática é simplificada. Em vez de transferir o integrante menos capacitado, quem vai para outro setor é o de melhor desempenho. A lógica da Toyota é mais ou menos a seguinte: "Nós fizemos o *kaizen* no processo de trabalho na área, o que nos permite liberar um dos seus integrantes para ser realocado. Ao fazermos isso, resolvemos alguns problemas de qualidade, tornamos o trabalho mais repetitivo, e mais fácil de ser realizado. Em consequência, não precisamos mais do mesmo nível de habilidades que tínhamos antes da melhoria. Por isso, vamos indicar o melhor integrante da equipe para ser realocado". Essa pessoa muito provavelmente entenderá a transferência para uma nova área como uma mudança interessante, desafiadora. E se todos souberem que a gerência não está forçando a demissão do melhor da equipe, o moral do grupo ficará reforçado. E, naturalmente, todas as outras áreas da companhia acolherão de bom grado essa pessoa em suas equipes, e por isso a realocação será facilitada. Se você não contar com uma função disponível no momento, essa pessoa certamente dará uma importante contribuição como integrante temporário da equipe *kaizen* de tempo integral. Quando surgir uma oportunidade compatível com suas habilitações, ela já contará com habilidades *lean* aperfeiçoadas, e certamente estará mais entusiasmada com a perspectiva de ser parte da equipe de sua organização. Embora tudo isso possa parecer uma questão delicada, tenha em mente que é o oposto da prática padrão em que todos os seus empregados foram treinados. Como meu *sensei* japonês disse certa vez: "Falar é fácil... difícil é fazer!".

OUTROS TREINAMENTOS *LEAN*

Já vimos a primazia do *jishukin*, ou eventos como método de conseguir resultados (ver Capítulo 4), desenvolver o aprendizado *lean* e elaborar e consolidar uma cultura mais poderosa. Há, no entanto, um papel para uma limitada quantidade de métodos tradicionais de treinamento para o *lean*. E, na verdade, apenas três tipos principais de grupos-alvo:

- **Todos os empregados.** Este grupo deve receber uma introdução aos princípios e conceitos *lean*. Isso pode ser feito até mesmo com um dia de intenso treinamento, eventualmente repartido ao longo de várias semanas/meses. Pode ser no estilo sala de aula (a cargo dos membros da equipe exclusiva *lean*), ou através de exercícios de simulação (existem vários bons exemplos, que podem ajudar a ensinar a ideia básica da produção em fluxo *versus* produção em lote), ou mesmo através de roteiros de aprendizagem. Na HON/HNI, elaboramos (com a assessoria da Root Learning Inc.) roteiros de aprendizagem para ensinar os princípios básicos do *lean* e os conhecimentos básicos em finanças entre outros, para dar suporte à necessidade de mudança. Um *roteiro de aprendizagem* é um tabuleiro de jogo projetado especialmente e que transforma a experiência do aprendizado em um jogo, e seu foco pode ser praticamente qualquer tipo de assunto.

- **A equipe exclusiva do *lean*.** Este grupo precisa de uma apresentação quanto ao seu novo papel e ao trabalho que passará a realizar. Esse treinamento costuma ser feito por um grupo externo de *sensei* que esteja introduzindo em sua organização o novo conhecimento *lean*.
- **Liderança sênior.** O grupo deve adquirir um conhecimento mais profundo do *lean*. Existem inúmeras abordagens em tal sentido. Uma das melhores envolve revisões de livros fundamentais sobre o *lean*, em que um capítulo é revisado e discutido a cada reunião semanal ou mensal da equipe de executivos. Outra é a realização de *workshops* sobre liderança *lean* com a consultoria de *sensei* externos. No entanto, é preciso levar em consideração que o conhecimento realmente aprofundado será consolidado por meio da experiência pessoal em uma equipe de eventos – ou seja, em aprender a identificar o desperdício e a removê-lo.

RESUMO

A experiência tem comprovado que se o seu objetivo consistir em dar sustentação a ganhos significativos de melhorias no longo prazo, você precisará:

- Estabelecer um ritmo regular de atividades de melhoria de processos em um nível que pareça elevado para as pessoas que ainda não fazem parte de uma cultura de melhoria.
- Estabelecer um grupo exclusivo de suporte com seus melhores profissionais, a fim de ajudar a sustentar esse alto nível de atividades de melhoria, e também para que venham a ser os seus futuros *sensei*.
- Levar extremamente a sério a constituição de cada equipe de melhoria e os respectivos objetivos.
- Dar foco especial à maneira de organizar seus esforços administrativos *lean*.

Desenvolver um sólido processo de realocação de pessoal que proporcione os recursos humanos indispensáveis à consolidação dos seus projetos *lean* e os ganhos de produtividade para melhorar os resultados do negócio.

6
PRÁTICAS ORGANIZACIONAIS ESTRATÉGICAS

Gestão é a questão fundamental no processo *lean*. Embora seja fácil entender os conceitos e ferramentas individuais do *lean*, para que sua aplicação tenha sucesso é necessário que a organização altere a maneira de realizar seu trabalho. E essa é uma meta difícil de alcançar, porque em geral consumimos nossas carreiras consolidando uma imagem sobre como o trabalho deveria ser organizado e realizado. Essa mudança fundamental na maneira como você o realiza – e entende que ele deveria ser organizado – é o mínimo que se espera de quem pretenda obter sucesso com o *lean*. E, até agora, a maioria das organizações que embarcam na jornada da transformação *lean* não tem conseguido êxito nessa transição.

PARA ENTENDER A GESTÃO

A gestão trata dos governantes – os líderes da organização e o que eles fazem. O registro de comportamentos e realizações tem mostrado que práticas normais de gestão corporativa são insuficientes para os desafios de uma transformação *lean*. Mesmo a Toyota, atualmente comandada pela quarta geração de líderes que praticam o sistema por eles construído, não proporciona um padrão de comparação especialmente útil. A Toyota representa o estágio ideal ao qual você pode aspirar, mas simplesmente imitar o que ela faz não fará a sua organização avançar no sentido de uma transformação de sucesso. A atual geração de lideranças da Toyota está há muito tempo afastada das práticas de mudança de gestão indispensáveis para dar início a uma transformação bem-sucedida. A Toyota concretiza, sem dúvida, um feito notável ao sustentar sua cultura, mas a companhia não tem como mostrar muitos exemplos recentes de empresas externas que ela tenha conseguido encaminhar em um rumo similar a fim de construir uma cultura sustentável de aprendizado *lean*.

Se você procurar modelos de transformação bem-sucedidos fora da Toyota – organizações cujos indicadores financeiros tenham demonstrado que suas práticas *lean* geram valor de cliente agregado em ritmo continuado –, a lista será muito pequena. Muitas organizações concretizaram ganhos incrementais, mas são poucas as que mostraram que podem obter ganhos continuamente, e um número ainda menor demonstrou capacidade de atingir esta meta de maneira regular com as novas companhias por elas adquiridas ou criadas. Nesse aspecto, a Danaher é talvez a companhia que mais se aproxima do ponto ideal. A Danaher tem conseguido aumentos compostos de receitas na faixa dos 20% desde o início de seus projetos *lean*, em 1987. E, a cada ano, a companhia adquire novas organizações não *lean*, que logo encaminha para esse processo. A Danaher está ainda aprendendo e construindo sua cultura, mas algumas de suas práticas merecem um exame mais acurado.

IMERSÃO

O aprendizado *lean* envolve participação ativa que surge do empenho pessoal de aplicar novos conceitos e ferramentas ao seu próprio lugar de trabalho, e então aprender com esse empenho. Organizações prósperas desenvolveram uma abordagem de levar aos seus líderes novos conhecimentos que transformam a visão que eles têm do seu trabalho. Para líderes seniores, não há necessidade de chegar ao ponto em que se tornem *experts* na aplicação de uma determinada ferramenta *lean* ou no alcance total que elas podem ter. O importante, para esses líderes seniores, é adquirir a experiência pessoal suficiente para capacitá-los a identificar o desperdício em seu trabalho. Uma vez que comecem a divisar os sete desperdícios identificados durante a construção do Sistema Toyota de Produção diário, eles têm o incentivo e a motivação para tentar reduzi-los. Para os líderes, aprender a identificar o desperdício é o fator fundamental.

Na HON/HNI, os novos gerentes, tanto os promovidos quanto os contratados externamente, passam por experiências de realização de eventos *kaizen* de uma semana em seu primeiro ano na função. Os líderes participam, em primeiro lugar, de um evento padrão de trabalho em uma área de produção, porque é mais fácil identificar o desperdício em um processo de produção do que em outros processos. Essa primeira experiência mais próxima com o desperdício será quase sempre um sinal de alerta quanto à vasta quantidade de desperdícios existente na área estudada, e também com relação ao fato de que metade desse desperdício pode ser eliminada no decorrer da mesma semana da experiência.

No segundo evento de uma semana, os líderes participam de uma análise de fluxo de valor, em que começam a divisar o desperdício em termos de qualidade, gasto de tempo e produtividade em um alto nível – uma visão a distância do desperdício. Isso tem sequência com a realização de um evento padrão de trabalho administrativo de uma semana, destinado a mostrar como o desperdício ocorre em processos puramente administrativos. Um quarto evento de uma semana é requerido com a ferramenta 3P (ver Introdução)OK, que é usada para planejar novos desenhos de produtos e processos, e também para alinhar o desenvolvimento de processos e produtos com as práticas *lean*. Assim, a HON/HNI estabelece quatro semanas de imersão em eventos baseados em *kaizen* como o ponto de partida.

Com isso como fundamento, a HON/HNI determina que cada gerente participe de mais duas semanas de experiências em eventos a cada ano posterior. Ela "incentiva" essa participação ao decretar que é o pré-requisito para figurar entre os candidatos à gratificação de fim de exercício daquele ano.

Na Danaher, o processo de imersão para novos líderes é um processo formal de 13 semanas. Nele, cerca de dois terços do tempo são consumidos em equipes de eventos *kaizen* operando numa variedade de empresas do grupo Danaher. O terço restante é empregado em gestão *lean*, comparação de boas operações *lean* com práticas de gestão em várias situações, participação em sessões de implantação de estratégias, e participação em uma semana de atividades formais do Treinamento de Liderança no Danaher Business System (DBS). A imersão é conduzida por um consultor pessoal (um gerente sênior profundamente conhecedor e comprometido com o DBS), que monta o plano específico para o novo gerente e o orienta ao longo das 13 semanas de imersão.

O ponto central é que não basta acreditar que é possível transformar líderes com comprometimento de uma única semana de trabalho, ou apenas frequentando aulas. Pelo contrário, o primeiro passo importante da gestão é desenvolver um plano de ação de como imergir líderes seniores em uma abordagem *lean* para organizar seu trabalho. Isso é decisivo para o sucesso, e para alcançá-lo você precisará de um empenho bem maior do que o imaginável.

EQUIPE DE IMPLANTAÇÃO

John Kotter, que escreve a respeito de gestão da mudança, fala do estabelecimento de uma equipe de implantação para ajudar o CEO a comandar uma transformação *lean*. Uma *equipe de implantação* é o grupo de gerentes seniores que irá conduzir o processo de transformação para todo o empreendimento. O foco, aqui, é colocado em algumas questões principais:

- Uma transformação na cultura demandará mais de uma pessoa qualificada que esteja trabalhando para colocar a organização na nova cultura
- O caminho *lean* não é uma trilha perfeitamente clara, e por isso o *input* de vários líderes seniores ajudará nas necessárias correções intermediárias

- Qualquer personagem-chave que estiver de fora observando a transformação tenderá automaticamente a combater o processo

Assim, uma boa tarefa inicial para a equipe de implantação é desenvolver a experiência da imersão que virá a ser utilizada para sua própria educação, bem como para a de outros líderes, à medida que o processo *lean* se expandir.

Este é o momento no qual as organizações frequentemente realizam sua análise da transformação do fluxo de valor (ATFV; ver Introdução). O objetivo da ATFV é fazer uma análise geral da estratégia básica de negócios da organização, examinar de que maneira os principais fluxos de valor (no mais alto nível) satisfazem as principais necessidades dos *stakeholders* e desenvolvem a estratégia, avaliam o potencial do *lean* para acelerar e aprofundar o impacto estratégico, e então começam a construir o plano de ação de transformação. Parte de uma ATFV é também determinar a maneira de acompanhar e mensurar as métricas do Norte Verdadeiro e como elas estarão vinculadas ao desempenho financeiro.

Depois disso, o foco inicial da melhoria precisa ser selecionado. De preferência, uma área (um fluxo de valor) muito significativa para a economia, idealmente uma que tenha potencial para crescer com *lead times* e qualidade, entre outros itens, que possam ser melhorados. O mais importante é que isso ocorra numa área em que os líderes locais sejam realmente líderes – indivíduos dispostos a contribuir com aquele esforço pessoal extra, aberto aos novos métodos *lean*, e a envolver nisso toda a equipe. Sugiro que o critério mais importante para o primeiro foco do fluxo de valor selecionado seja a qualidade da sua liderança. Um bom líder pode fazer um plano de ação ruim ter sucesso, mas um mau líder tem o potencial de acabar com o melhor dos planos de ação.

Existem alguns pontos que precisam ser levados em consideração no início dessa fase. Você seleciona um fluxo de valor prioritário a ser analisado baseado na qualidade da sua liderança e na sua importância ou impacto. A seguir, você precisa garantir a disponibilidade de recursos básicos de melhoria. Três passos muito importantes devem ser então dados:

- Você precisa de um *sensei* para ensinar conceitos/ferramentas *lean* em sua organização e para fazer o *treinamento* de sua equipe nas questões de liderança.
- No fluxo de valor selecionado, você precisa reservar 3% do pessoal efetivo para os esforços na implantação de melhorias desse fluxo de valor (ver Capítulo 5). Ao iniciar a regra dos 3% para apenas uma única análise do fluxo de valor, o número de pessoas dedicadas exclusivamente à melhoria é baixo e aumenta à medida que cada nova análise de fluxo de valor tem início. Mas, depois que a primeira análise do fluxo de valor for concluída, ela estará gerando um fluxo de resultados de melhoria

que deverá cobrir o custo do lançamento da análise do fluxo de valor seguinte, de maneira que você, na verdade, invista apenas em pessoas para dar partida à análise do fluxo de valor inicial – ou seja, recursos futuros são recompensados pelos ganhos em produtividade e realocações pelas análises dos fluxos de valor iniciais.
- Você inicia os eventos de melhoria em um ritmo que irá obter ganhos suficientes para ter resultados, irá construir experiência (aprendizado *lean*) de maneira suficientemente ágil para formar seus próprios *sensei* futuros, e irá mostrar o potencial de longo prazo para construir uma nova cultura à medida que os integrantes do grupo adquirirem experiência pessoal com o aprendizado para identificar e eliminar o desperdício.

A experiência tem demonstrado que esse ritmo está relacionado com o pessoal, o que torna a regra do *n*/10 (ver Capítulo 5) quase certa. Tipicamente, é importante contar com um ritmo regular de pelo menos um evento/semana por mês. Um ritmo menos frequente conduzirá a uma perda de ímpeto entre os eventos, e a um impacto insuficiente nos resultados em desempenho, aprendizado e formação de cultura.

Tenha sempre em mente a regra dos 5X (ver Capítulo 4). Uma vez superado o primeiro passo de melhoria na análise do fluxo de valor inicial, mantenha seus 3% de recursos reservados ali e dê início ao passo seguinte de melhoria, ao mesmo tempo usando parte dos recursos economizados/liberados para financiar a implantação de uma equipe de melhoria para outra análise do fluxo de valor. Você precisará, é claro, provar a si mesmo, e à sua empresa, que as cinco análises de melhoria são não apenas reais, mas também que esses resultados se tornam quase sempre mais vultosos na quarta ou quinta análise. Esses tipos de resultados ficam praticamente ocultos da experiência diária, sendo, pois, difícil provar a existência deles à organização com seu próprio trabalho. No entanto, este foco em múltiplas análises de melhoria *lean* irá consolidar este fluxo de valor em um *fluxo de valor modelo* – a área em que os resultados são atraentes para todos que os divisam, e onde a cultura se torna de tal maneira estabelecida que serve como forma de sustentação da melhoria ao longo de gerações.

Há muitas empresas que criam equipes de pessoal voltadas exclusivamente para dar suporte à transformação *lean*, mas em seguida permitem que esses mesmos funcionários sejam absorvidos pela administração; com isso, não conseguem um aprendizado real a partir da experiência pessoal em eventos. Essa abordagem jamais funciona. Os recursos de tempo integral para a melhoria precisam ir adquirindo experiência mensal em eventos para formar seu conhecimento pessoal do que é realmente desperdício e de como é possível eliminá-lo. A maioria dos recursos reservados exclusivamente para os projetos *lean* deve estar no nível dos fluxos individuais de valor, focados em continuadamente atingir as métricas de melhoria do Norte Verdadeiro para seu fluxo de valor.

Você poderá querer definir uma sala de controle do projeto de transformação *lean*, onde a equipe de implantação realize suas reuniões habituais. A sala deve ter uma cópia do ATFV, o Planejamento Geral (um esboço dos passos principais na jornada de transformação), os planos pessoais de imersão/desenvolvimento para os principais líderes, o plano de posicionamento estratégico, a análise inicial e os planos de ação do fluxo de valor, gráficos do desempenho das métricas do Norte Verdadeiro, entre outros. Todo esse material precisa estar exposto nas paredes da sala de controle do projeto *lean*.

COMUNICAÇÃO

A comunicação nunca será demais no decorrer de qualquer transformação de grande porte em sua organização. Uma maneira de refletir sobre a comunicação é revisar parte dos dados de um estudo de apresentação de vendas o qual destacou que, três dias depois de uma apresentação, só é possível lembrar 11% das informações apresentadas. Assim, se você considerar que sua mensagem é importante, pense em repeti-la pelo menos 10 vezes. Tendemos a pensar: "mas nós já falamos sobre isso!", quando, na verdade, deveríamos estar pensando: "eles lembraram apenas 11% daquilo que falei; como transmitir os 89% restantes?".

O aconselhável é modificar a mensagem diversas vezes e usar, para sua transmissão, mídias diversificadas. Use e abuse das *comunicações por escrito* e mensagens de vídeo da empresa, e de todos os outros meios possíveis de comunicar o básico. Essa informação básica consiste em:

- Por que precisamos mudar (quais são os principais indicadores de competitividade em relação à concorrência ou aos clientes)?
- Por que escolhemos determinado caminho?
- Qual será o resultado desta escolha?
- Qual deve ser o papel de cada pessoa nesta transformação?

Você também poderá querer testar algumas novas formas de comunicação, como as que serão vistas a seguir.

Simulação *Lean*

Cerca de 99% da educação *lean* virá com a experiência pessoal dos participantes (ver **Figura 6.1**). No entanto, o 1% que é procedente das abordagens da educação tradicional também é importante. Toda a organização deve ter uma noção do que vem a ser o *lean*. Por isso, uma introdução básica ao *lean* é um

FIGURA 6.1
Equipe fazendo uma simulação *lean*.

passo sólido. Outro bom passo é montar grupos de integrantes da empresa em uma *simulação lean*, selecionando para tanto uma área de trabalho piloto na qual são demonstradas as práticas básicas da produção em lotes e, na sequência, a evolução para a produção em fluxo.

Uma simulação *lean* normalmente pode ser feita em cerca de quatro horas. Quando bem executada, consegue apresentar os princípios fundamentais do *lean* – fluxo, produção empurrada, análise de fluxos de valor, etc. –, e quase sempre de uma forma que vai além do que seria possível com simples palavras. Simulações bem feitas dão aos participantes um quadro mental do desperdício na abordagem atual de lotes e mostram o potencial de melhoria em qualidade, *lead time* e produtividade. É realmente gratificante ver alguém "entender o espírito da coisa" depois de participar de uma simulação.

Estratégia de implantação

Um processo organizacional estratégico *lean* é o *hoshin kanri*, também chamado de planejamento *hoshin*, gerenciamento por política, e política de implantação. (A Simpler Consulting usa o termo *estratégia de implantação*, como discutimos na Introdução do livro.) A ideia básica da estratégia de implantação é rever os esforços estratégicos principais para o ano seguinte, identificar de que maneira a melhoria *lean* poderá acelerar e habilitar esses projetos, estabelecer metas do

Norte Verdadeiro para dar suporte à linha estratégica, estabelecer o ritmo e o padrão do esforço de melhoria para o ano a fim de atingir essas metas e, finalmente, estabelecer um processo de revisão mensal.

Muitas reuniões mensais de revisão ou de operações são focadas em indicadores financeiros e fazem uma análise sobre o orçamento. A estratégia de implantação fará algo semelhante, porém com o foco na melhoria – o processo destinado a garantir que o nosso desempenho amanhã venha a ser melhor do que é hoje, e isso em caráter permanente.

Com a estratégia de implantação, um esforço anual é assumido a fim de estabelecer metas de melhoria para a organização, metas essas que irão viabilizar as iniciativas estratégicas escolhidas, e então dividir essas metas de melhoria entre cada nível da organização, de cima para baixo, e, em nível de agregação de valor, desenvolver o plano de ação de melhoria necessário para atingi-las. Questões características dessa situação incluem:

- Quais fluxos de valor precisaremos melhorar a fim de atingir as metas deste ano?
- Quantos eventos de melhoria serão provavelmente necessários para atingir esse objetivo?
- Qual deverá ser o foco desses eventos?
- Quem dará sustentação aos eventos?

Esse esforço de planejamento anual não chegará a detalhar exatamente qual o trabalho de melhoria que você estará realizando dentro de seis meses, mas com certeza dará aos funcionários e/ou líderes as informações que precisarão para orientar os esforços de melhoria do fluxo de valor, com uma boa ideia do ritmo das ações de melhoria a que terão de dar sustentação a fim de que sejam cumpridas as metas globais.

Depois que se estabelece o plano anual de melhorias, realizam-se reuniões mensais de acompanhamento destinadas a avaliar os avanços e compartilhar o aprendizado. Tipicamente, cada equipe do fluxo de valor revisa os resultados do mês anterior, com um rápido olhar para o *índice* de melhoria – em outras palavras, a equipe realizou as melhorias definidas para desenvolvimento humano, qualidade, *lead time* e produtividade? Revisar essas informações consome cerca de 10% do tempo da reunião. Em vez de desperdiçar tempo conversando sobre os números dos resultados, a reunião investe seu tempo falando a respeito daquilo que *orienta* os números.

Assim, depois da rápida revisão sobre "atingimos ou não nossas metas de melhorias no mês passado", a equipe do fluxo de valor revisa os eventos principais de melhoria implantados no mês anterior e as principais lições que eles deixaram. Se alguma meta não foi atingida, a equipe do fluxo de valor deve identificar esforços adicionais de eventos *lean* para atualizar essa meta. A seguir, a equipe do fluxo de valor irá revisar os principais eventos planejados para o mês seguinte e estimar se eles serão suficientes para cumprir as metas mensais de melhoria.

Esse diálogo proporciona um valioso aprendizado para o conjunto da organização. As lições aprendidas podem ser compartilhadas de uma equipe para outra, e a gestão pode ajudar a identificar possíveis medidas corretivas para fazer com que se volte ao ritmo planejado quando houver um objetivo de melhoria não cumprido. O objetivo da reunião é utilizar o tempo aprendendo sobre o que funciona e conversando a respeito de ações corretivas, em vez de gastar tempo revisando os números. E é preciso manter o foco no aqui e agora: nós realmente fizemos todo o possível no mês passado? Em caso contrário, o que estamos fazendo a respeito desse resultado? O que aprendemos a partir dele? Conseguiremos atingir o resultado neste mês? Em caso positivo, como? Em caso negativo, existem outras pessoas da equipe com ideias capazes de acelerar o ritmo da melhoria?

Em algumas das reuniões iniciais, poderá ser necessário usar um marcador de tempo, fixando-se um tempo determinado para a revisão de cada fluxo de valor: a referência mundial é de cinco minutos por revisão, mas o meu melhor resultado foi de cerca de 15 minutos por revisão. As pessoas têm uma incontrolável tendência a divagar e não focar diretamente os assuntos principais, e por isso um marcador de tempo, em combinação com o conhecimento de que existe um limite de tempo extremamente rígido e que determinados tópicos precisarão ser cobertos nesse tempo máximo, pode mudar esse devaneio e levar a um foco concentrado. Você também irá constatar que as reuniões se tornam mais eficientes a cada ano, e certamente contará com um processo muito melhor depois de três ou quatro anos.

Quando você dá início a estratégia de implantação, ela pode parecer um pouco estranha. Mas uma das primeiras coisas que você consegue ver é que, na semana anterior à reunião mensal, sempre se nota um grande fluxo de melhoria em andamento, o que significa que, mesmo se você ainda se encontrar numa cultura de combate a incêndios, a equipe estará focada na melhoria pelo menos durante parte do seu tempo. Esse foco no fluxo de melhoria acaba dando razão de ser ao esforço da estratégia de implantação, em tudo o que ela representa.

ANTICORPOS

Taiichi Ohno, o guru do *lean* na Toyota, insistia em destacar que cada organização tem, em seu interior, anticorpos, da mesma forma que o corpo humano. Quando uma mudança, ou infecção, tenta entrar no corpo, os *anticorpos* fazem duas coisas: tornam-se verdadeiramente ativos combatendo essa nova coisa, e também se multiplicam. Eles conseguem acrescentar convertidos ao seu esforço. Eles se transformam em seu esforço de combater essa nova coisa. Isso é normal. Na verdade, quanto mais forte a cultura corporativa, mais fortes os anticorpos; os anticorpos existem para proteger a cultura corporativa existente.

Você com certeza já constatou que muitas vezes não existe uma descrição clara da cultura corporativa quando passa a fazer parte de uma organização, mas que, com o tempo, você aprende as "regras". Pois bem, as pessoas que transmitem a cultura corporativa são os anticorpos. Eles geralmente são respeitáveis membros da organização há muito tempo.

O problema, é óbvio, surge quando a organização precisa mudar. Em épocas de mudanças significativas, os anticorpos – que, lembre-se, tendem a ser alguns dos seus mais respeitados e experientes integrantes – se transformam nos homens que tentam evitar a melhoria e a mudança. Quando esses anticorpos emergem, a liderança precisa tomar conta deles.

Existem anticorpos em todas as organizações, e eles irão automaticamente resistir a qualquer coisa tão radical quanto uma transformação *lean*. E farão tudo isso com a melhor das intenções. Pela perspectiva deles, o sucesso histórico da organização sempre se baseou em fazer as coisas de uma determinada forma, e, assim, mudar a maneira de fazer as coisas é algo que coloca tudo em risco. Quanto maior o sucesso da organização, mais fortes os anticorpos e mais difícil a tarefa de conseguir fazer qualquer nova orientação avançar.

A Toyota tem, ocasionalmente, representado a presença de anticorpos como uma curva de distribuição normal (ver **Figura 6.2**), com as caudas em cada extremo representando ou os anticorpos (zona pobre) ou os *agentes da mudança* (zona excelente), que são aqueles poucos líderes exponenciais que estão tentando encaminhar a organização por uma nova direção. Você precisa, por todos os meios, dar suporte aos agentes da mudança, mas esta é apenas meia resposta. Se você der apoio aos agentes da mudança e começar a se mover em uma nova direção, alguns fenômenos muito interessantes passarão a acontecer.

Em primeiro lugar, os anticorpos se tornarão mais ativos (informalmente, nas pausas para o cafezinho, por exemplo) na resistência à nova direção. Eles também passarão a conversar com mais integrantes do grupo, aqueles que consideram mais próximos de seus pontos de vista, a fim de transformá-los em novos anticorpos. O resultado final é que, se você apoia apenas os agentes da mudança, acaba envolvido em confusão, à medida que a massa de membros no meio do caminho ouve duas mensagens completamente opostas a respeito do rumo que a organização deveria tomar – e ambas procedendo de respeitados integrantes da organização. É aqui que os líderes precisam se mostrar dignos desta qualificação. O melhor que podem fazer é deixar três situações perfeitamente claras, a saber:

1. a organização está decidida a se manter no novo rumo;

Práticas organizacionais estratégicas **137**

A Toyota também compara a organização a uma clássica curva de distribuição normal quanto às atitudes dos indivíduos em relação às mudanças

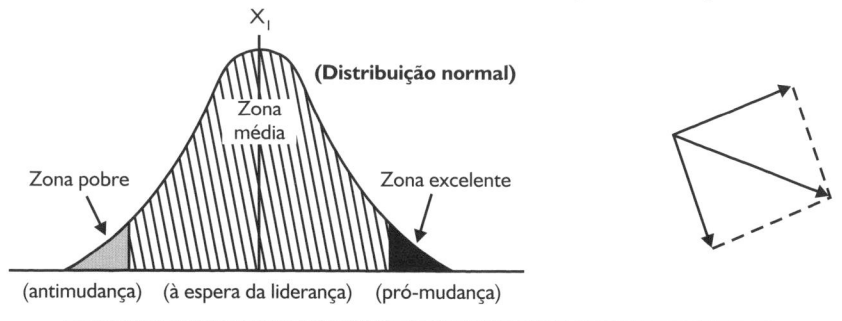

X_1

(Distribuição normal)

Zona média

Zona pobre

Zona excelente

(antimudança)   (à espera da liderança)   (pró-mudança)

> Se você apoia apenas os agentes da mudança, os anticorpos ficarão mais ativos e se multiplicarão, contrabalançando por inteiro o impacto dos seus agentes de mudança

FIGURA 6.2
Toyota: modelo de mudança 1.

2. o papel de cada um dos seus integrantes é trabalhar para dar suporte a essa mudança;
3. aqueles que não quiserem, ou não puderem, mudar, podem começar a pensar em mudar de organização.

Quanto mais rapidamente você identificar os verdadeiros anticorpos (ver **Figura 6.3**) menor será o número de anticorpos a serem enfrentados no final

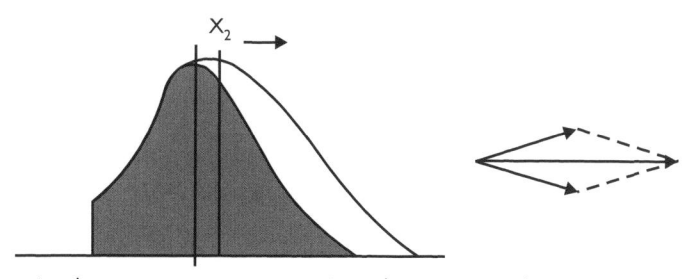

$X_2 \rightarrow$

O grupo antimudança sempre se torna uma quinta coluna que resiste à conversão lean
O grupo antimudança é eliminado da organização
Os 90% da organização que estão esperando por liderança agora se decidem pela nova direção

> Ao resolver a situação de poucos anticorpos, os agentes da mudança conduzirão a organização para o futuro

FIGURA 6.3
Toyota: modelo de mudança 2.

do processo. Com o tempo, as pessoas adquirirão experiência com o processo, e a maioria dos anticorpos mais importantes provavelmente aderirá a ele; o essencial, porém, será localizar os primeiros, mesmo que em número reduzido; quanto mais cedo, melhor, para que não tenham oportunidade de multiplicar-se. Quando eles se multiplicam, torna-se praticamente impossível manter o rumo traçado devido ao tempo insuficiente para convertê-los; a ação preventiva, portanto, é fundamental.

Um conselho: quando você inicia esta jornada, ela é nova para todos, ou seja, qualquer pessoa tenderá inicialmente a questionar o novo rumo. Isso pode fazer todo mundo parecer um anticorpo. A diferença consiste em que os verdadeiros anticorpos nunca aceitam as respostas a qualquer de suas dúvidas e não se dispõem a participar do processo. Não é preciso muito tempo para identificar os verdadeiros anticorpos, em contraposição àqueles que têm questionamentos legítimos a respeito dos novos rumos da companhia.

LEAN AO LONGO DOS ANOS

Uma transformação *lean* bem planejada e agressivamente conduzida irá seguir um ritmo regular de transformação cultural ao longo dos primeiros quatro anos.

Ano I

Quando você inicia a jornada *lean*, a ideia é totalmente nova para toda a organização, e por isso leva tempo para que os conceitos sejam absorvidos. Contudo, já ao final do primeiro ano, você ficará impressionado com as melhorias feitas em eventos específicos e em alguns fluxos de valor alvos de ações preferenciais. Você verá resultados individuais que parecem promissores, mas poderá deixar de ver que os indicadores financeiros do empreendimento não avançaram dentro do esperado. O progresso geral provavelmente se mostrará mais lento do que você pretendia que fosse.

Você também identificará muitas situações de "dois passos à frente, um passo atrás" no primeiro ano. Esse é um subproduto da natureza do aprendizado direto, porque suas equipes de melhoria são ignorantes tanto das ideias quanto das ferramentas *lean*, e por isso cometem erros tentando implantar as ideias como a do fluxo unitário de peças. Em acréscimo a tudo isso, as práticas de acompanhamento deficientes, presentes na cultura do combate a incêndios na maioria das empresas, impedem que você consiga manter e dar sustentação a todas as melhorias. O resultado final é que, por volta do fim do primeiro ano bem-sucedido de uma transformação *lean*, a maioria dos componentes de seu grupo estará ainda confusa com a nova abordagem, ou esgotada com o ritmo e a amplitude da mudança. Ao contrário de inúmeras iniciativas corporativas, nas quais, ao fim do ano, se espera sempre proclamar vitória, você não verá isso com uma transformação *lean*.

Cabe igualmente dizer que, ao final do primeiro ano, menos de 20% da sua organização terá realmente experimentado o *lean* em suas respectivas áreas. Assim, a maioria ainda estará do lado de fora, observando, e obviamente constituindo um grupo nada entusiasmado com os novos métodos.

Ano 2

O segundo ano costuma ser o da grande resistência. Os anticorpos, vendo o esforço *lean* persistindo por um segundo ano (quando a maioria dos programas empreendidos no passado já teria sido encerrada), tratam de se reorganizar para acabar com ele antes que cause prejuízos à organização. Além disso, os agentes da mudança ainda não têm a experiência necessária, e cada vez que cometerem um erro na tentativa de aplicar os novos princípios, os anticorpos remanescentes tratarão de exaltar esse erro.

Ao final do segundo ano, você estará impactando fluxos de valor que representam 30 a 40% da organização, ou seja, isso significa que a maior parte dela ainda não terá passado por experiência direta de aprendizado sobre o *lean*. Uma pesquisa entre os membros do grupo, realizada ao final de um segundo ano de uma jornada *lean* bem-sucedida, provavelmente irá proclamar: "Os jurados ainda estão deliberando sobre o *lean*....".

Ano 3

O terceiro ano é um período de consolidação. Os gerentes e os demais participantes em tempo integral da experiência *lean* estão adquirindo experiência com o processo. Eventos individuais têm mais impactos do tipo "dois passos à frente, nenhum para trás". Ao final do terceiro ano, a combinação dos resultados em qualidade, *lead times* e produtividade/custo será suficientemente grande para demonstrar que o processo se revela um verdadeiro sucesso. Também ao final desse terceiro ano, uma pesquisa realizada entre os integrantes do grupo poderia proclamar: "Estamos fazendo grandes progressos – mas gostaríamos de saber quando chegaremos lá".

Ano 4

O quarto ano se caracteriza pelo fato de a "mudança" ter gradualmente se transformado na nova norma. Os processos de melhoria e transformação continuadas tornam-se institucionalizados ao final do quarto ano. É possível ver e sentir um imenso impulso positivo permeando toda a organização. Você pode ainda não ter atingido 20% da organização com os esforços *lean*, mas consegue ver que está criando uma nova cultura – uma organização de verdadeiro aprendizado que pode melhorar continuamente. A pesquisa ao fim do quarto ano iria apresentar novamente uma mudança; em vez de manifestarem dúvidas quanto à concretização do processo, os participantes começam a demonstrar a esperança de que ele se torne permanente.

Muitos líderes acreditam que podem chegar ao ano 4 em apenas um ano. Porém, não conheço quem tenha realizado isso, mesmo naqueles esforços *lean* conduzidos pelos melhores líderes. Portanto, é bom pensar que a travessia mais difícil certamente levará muito mais do que um ano. Se você estiver no rumo, estará vendo resultados positivos, acumulando novas habilidades no âmbito da organização, e construindo novas normas culturais ao longo de toda essa jornada. Mas a verdade é que serão necessários quatro anos para que o melhor dos projetos *lean* comece a se estabelecer como a nova forma de fazer as coisas. Afinal de contas, você não pode esperar que uma mudança cultural ocorra em apenas um par de anos.

RESUMO

Tudo se resume e se consolida como uma nova forma de gerenciar seu empreendimento – em outras palavras, você estabelece uma nova forma de gestão, como o Sistema Toyota de Produçao ou o Sistema Danaher de Negócios – Danaher Business System. Mesmo buscando subsídios em sistemas de outras companhias, o fato é que você precisará construí-lo por esforço próprio. O que exigirá muito tempo e energia.

Enquanto muitos líderes de corporações foram treinados para gerenciar, nós fomos educados nas virtudes da delegação. Temos graduações chamadas Mestrado em Administração de Empresas, que focam a *administração*. A maioria de nós não foi ensinada a liderar, isto é, a levar uma organização por novos caminhos. Isso significa que nosso modelo de gestão não nos é de muita utilidade quando pretendemos transformar uma organização. O modelo de que precisamos é o da verdadeira liderança – um comprometimento a demonstrar que não temos todas as respostas, o interesse de chegar ao *gemba* (chão de fábrica) e aprender ali como é que tudo realmente funciona, um desejo de admitir que precisamos buscar novos conhecimentos e refinar novas habilidades para chegar ao sucesso. A maioria dos líderes seniores acha que deve ter todas as respostas – afinal, é o que os *outros* esperam deles –, mas, com o processo *lean*, a chave do sucesso é conhecer as perguntas e estar disposto a buscar as respostas com o máximo de diligência.

7
CONSTRUINDO UMA CULTURA *LEAN*

Vamos agora à parte mais difícil: a cultura *lean*. Ao longo de meus 30 anos de estudo e prática da transformação *lean*, meu ritmo de aprendizado avançou da mesma forma que para a maioria das pessoas. Durante muitos anos estive concentrado em aprender o máximo possível sobre as *ferramentas* do *lean*. Como implantar a produção enxuta? Como implantar o trabalho padronizado? Como analisar um fluxo de valor? Havia muito a aprender, e parecia que, cada vez que pensava ter concluído alguma coisa, aprendia algo novo do método, ou descobria uma ferramenta inteiramente nova de cuja existência sequer suspeitava. Assim, vivi no mundo das ferramentas *lean* durante muito tempo.

À medida que me esforçava para obter resultados a partir das ferramentas *lean*, comecei a agregar conhecimento e com ele passei a desenvolver abordagens destinadas a obter resultados das ferramentas – o que se poderia entender como boas *práticas lean*. O aprendizado das práticas *lean* foi, para mim, tanto irregular quanto lento, principalmente por meio de tentativa e erro, com múltiplas tentativas e inúmeros erros antes de encontrar práticas que resultassem em um funcionamento adequado e contínuo.

Juntamente com o aprendizado sobre as ferramentas *lean* e o aprendizado ou criatividade de práticas *lean*, houve também um ponto em que comecei a *acreditar* nos princípios fundamentais do *lean* – fluxo, produção, produção puxada, foco no valor, etc. Esses conceitos são todos incrivelmente fáceis de comentar, mas muito difíceis de serem levados à prática. Minha própria crença nos princípios fundamentais do *lean* só foi se estabelecendo aos poucos. Várias vezes olhei para trás e reconheci o ponto em que comecei a acreditar de verdade nos princípios fundamentais do *lean*.

Convenci-me gradualmente de que toda essa prática *lean* só teria valor se fosse uma prática organizacional de longo prazo – isto é, se ela se convertesse na nova forma de gerenciar a empresa, se ela se tornasse a nova *cultura* da companhia. Sendo um gerente operacional, a ideia de pensar a respeito de cultura não me fascinou desde o princípio. Mas, com o tempo, tornou-se óbvio que todo o restante do meu aprendizado seria *muda* (desperdício) se simplesmente desaparecesse quando o impulso ou energia pessoais que davam suporte ao esforço se diluíssem. Por fim, o foco de meu aprendizado passou a ser estudar a cultura que dá sustentação à transformação *lean*, e esse tem sido o meu foco ao longo dos últimos anos.

DEFININDO CULTURA

Acho que podemos deixar um pouco de lado a expressão *cultura*. Uma cultura organizacional é definida pelas atitudes ou hábitos de seus líderes; em outras palavras, a cultura é formada por aquilo que os líderes *fazem*. "O que eles fazem" é essencial para o sucesso da companhia, e quando você consegue colocar em conjunto muitos desses "o que eles fazem", distingue o tecido de uma nova cultura.

Meu aprendizado nesta área começou pela observação de práticas individuais de liderança que eram diferentes da prática típica do Ocidente. No início, eu não conseguia ver que elas eram (e de fato são) parte de um tecido maior de prática geral.

Um exemplo disso está nos processos de seleção. Trabalhei em companhias onde costumávamos brincar que nosso "processo de seleção" consistia em segurar um espelho junto à boca de uma pessoa: se ela embaciasse o espelho, poderia ser contratada. Era para ser uma piada, mas, como muitas piadas, baseava-se em um forte elemento de verdade: o que procurávamos não ia muito além de um ser humano comum, vivo e capaz de respirar.

Assim, como parte de meu *benchmarking*, decidi revisar o processo de seleção da Toyota, que inclui cerca de uma dezena de passos fundamentais, realizados durante uma semana, e que exigem a dedicação completa do candidato neste período. O processo Toyota inclui não apenas práticas comuns de emprego, mas também grupos de candidatos fazendo simulações de problemas no local de trabalho, simulações do trabalho a ser realmente executado, sendo entrevistados como equipe e classificados por uma equipe de avaliação, etc. Assim, o processo parecia extremamente complexo e era cerca de 100 vezes mais exigente do que a nossa prática comum. E para quê um processo tão rigoroso de seleção? Apenas por quatro razões. O processo inteiro tinha por objetivo identificar indivíduos que:

- Gostassem de aprender coisas novas
- Fossem capazes de identificar e resolver problemas (tenha em mente que são habilidades diferentes)
- Trabalhassem bem em equipes
- Soubessem se comunicar

O contraste entre a simplicidade e o foco dos objetivos da seleção e o exaustivo processo para avaliar tais características foi, para mim, surpreendente. Como muitas das coisas "Toyota". Era o oposto da tradicional atitude de liderança, em que traçamos uma longa lista de características desejadas sem ter sequer como verificar se conseguiremos ser bem sucedidos na seleção. Muitos gerentes de empresas procuram por pessoas que já tenham experiência na tarefa, o que lhes dá a certeza de que elas poderão executar a mesma. Mas a Toyota prefere quem não tenha experiência (porque não precisaria desaprender maus hábitos antes de aprender bons hábitos). A Toyota não busca os indivíduos mais fortes, mais rápidos ou mais espertos; busca pessoas que possam trabalhar juntas como equipe para efetuar melhorias. Como certa vez ouvi alguém na Toyota dizer: "Muitas empresas produzem resultados medianos mesmo contratando as melhores pessoas, porque as fazem trabalhar com processos ultrapassados. Nós produzimos resultados excelentes com pessoas medianas que estão focadas continuadamente na melhoria dos nossos processos". Qual desses sistemas você acredita ser o mais vencedor?

Enquanto eu tentava consolidar a aceitação organizacional de um novo e exaustivo processo de seleção, o que parecia ajudar as pessoas a entender o grande investimento de tempo era contrastá-lo com o nosso processo típico de aquisição de capital. Em muitas organizações, se você investe 1 milhão de dólares em novos equipamentos de capital e tem um estudo realizado por algum grupo técnico, esse estudo é revisto pela gerência, depois passa pela análise do pessoal da área financeira, até que a proposta comece a subir na escada da aprovação, com revisões e assinaturas em cada nível de gerenciamento, e daí para o nível de presidente do grupo ou CEO. Dispendiamos, então, centenas de horas de avaliação para um investimento de capital de 1 milhão de dólares. E, no entanto, quando contratamos alguém, é com a expectativa de que passe toda a sua carreira conosco – e certamente investiremos bem mais do que 1 milhão de dólares em compensação total ao longo dessa carreira –, mas não investimos praticamente tempo algum trabalhando para melhorar a qualidade dessa decisão.

Dá para ver como esta forma de pensar é uma cultura fundamentalmente diferente (**Figura 7.1**)?

OS FUNDAMENTOS DA CULTURA TOYOTA/*LEAN*

Foi muito difícil, para mim, aprender a cultura Toyota. Isso se deveu, em parte, ao fato de eu jamais ter trabalhado realmente lá dentro. Hoje sei que a maneira pela qual as pessoas são introduzidas à cultura da Toyota é tão sutil que muitos que trabalharam anteriormente em outras culturas não conseguiram se adaptar à maneira como as pessoas interagiam lá.

FIGURA 7.1
Aprendendo sobre liderança e cultura.

Só quem trabalhou primeiro em uma empresa norte-americana, depois na Toyota durante no mínimo uma década e então optou por sair consegue entender a diferença entre trabalhar na Toyota e em qualquer outra companhia. Foi conversando com quem passou por isso e estudando todo o material sobre atitude/cultura Toyota disponível para estrangeiros que elaborei uma lista de observações. Sei que essa relação é incompleta, porque ocasionalmente descubro novas atitudes/hábitos/práticas de liderança que buscam seguir o modelo Toyota e *não* aquilo que estamos acostumados a fazer. Mas aqui vai a relação, como a entendo hoje, dos valores centrais e comportamentos de liderança do *lean*.

Sirva o cliente

Inúmeras empresas garantem que servem o cliente. A maioria, porém, não pratica o que prega, pelo menos não de maneira consistente. Na Toyota, esse mantra é o ponto de partida. Todas as ações são avaliadas, em primeiro lugar, de acordo com o impacto que poderão ter para o cliente. É óbvio que a Toyota tem fins lucrativos, mas reconhece que a chave do sucesso consiste em ter clientes satisfeitos. Por isso, a meta é maximizar a satisfação dos clientes, e ao mesmo tempo minimizar o custo ou desperdício nesse processo. O lucro é aquilo que sobra depois de servir os clientes da forma mais enxuta possível. Todo *kaizen* é focado no cliente. Parece simples, mas manter essa meta em relação a tudo e a todos, todos os dias, em cada decisão, é uma tarefa que exige foco e comprometimento totais da liderança.

Busque o que é certo, não importa o que for

Na Toyota, existe um *plus* para a integridade. Há um entendimento básico de que, se você não puder confiar na informação usada na organização, será praticamente impossível proporcionar o melhor valor ao cliente. E há também um *plus* para a verdadeira coragem. Na HON/HNI, batizamos isso de *honestidade ativa*. A ideia consiste em que a verdadeira integridade não era apenas "não enganar", mas também falar sempre a verdade, mesmo quando pudesse ter consequências negativas. Outra forma de pensar a respeito disso é como uma *integridade corajosa*. Um exemplo é a prática da Toyota sobre "as más notícias em primeiro lugar", em que a oportunidade para melhorar constitui o foco, antes da concessão de recompensas.

Decida com cuidado, implante com agilidade

Há aqui um interessante contraste. Companhias não *lean* estão normalmente correndo atrás de uma solução – sem perder tempo em procurar uma causa-raiz –, de tal maneira que essa solução acaba sendo, na maioria das vezes, apenas um paliativo, e o problema volta a se repetir infinitamente.

Na Toyota, existe um profundo respeito pelo princípio de que é preciso, em primeiro lugar, entender o problema, e só então buscar uma solução. Por isso, é comum utilizar a equipe de trabalho para analisar qualquer problema repetindo cinco vezes, em sequência, a pergunta "Por quê?" a fim de descobrir a causa-raiz do problema. Resolver a causa-raiz evitará que o problema que se está observando ocorra de novo. É assim que se consegue "que pessoas comuns construam grandes processos que atingem resultados mais elevados". Outro exemplo da abordagem "decida com cuidado, implante com agilidade" é o uso da solução de problemas pelo método do A3. Trata-se de uma abordagem visual da solução de problemas que envolve a utilização de uma folha de papel onde são traçados nove boxes, ou passos. O objetivo é garantir que você faça a pergunta certa para entender o problema *antes* de implantar a solução.

Seguindo a lógica do A3 – que na Toyota é chamada de *Pensamento A3* –, é possível formatar uma sólida abordagem de solução de problemas a ser implantada com celeridade e apenas uma única vez. Isso é típico do modelo Toyota: concentre-se ao máximo no ponto de partida do processo/projeto, e consiga grandes recompensas com a eliminação do retrabalho que teria com a implantação de soluções superficiais ou pela metade.

Admita as imperfeições com franqueza

Em minha opinião, esta é a pedra fundamental da cultura. A ideia básica é que toda melhoria começa com humildade. Essa é outra diferença em relação às culturas não *lean*. Quando você pergunta aos gerentes seniores de empresas não *lean* sobre o valor da humildade, eles sempre ficam estupefatos: "Temos é que nos orgulhar de ser quem somos e fazer o que fazemos, isso sim!".

Mas, como é mesmo que qualquer melhoria sempre começa? Pelo reconhecimento de que existe algo que pode ser melhorado. O fundamento disso é a humildade. Se você se mostrar humilde a respeito de seu sucesso, poderá divisar maneiras de incrementar ainda mais seu êxito. O oposto da humildade é a arrogância, que quase sempre pode ser associada ao fracasso de qualquer organização. Cultivando a humildade, você estará aberto ao *hansei*, uma profunda reflexão tanto de sua atual abordagem quanto da abordagem que outros empregam em situações similares. A partir do *hansei*, você avança para o desafio de se aperfeiçoar ao mais alto nível em sua área. E com esse desafio vem o nível revolucionário de melhoria. Assim, temos uma sequência de causa-efeito: humildade-*hansei*-desafio-melhoria. Esta atitude é comum na Toyota. David Absher, um supervisor de manutenção na TMMC (Georgetown, Kentucky), comentou: "Ainda estamos muito longe da excelência, mas com certeza caminhamos para ela". Percebe-se a atitude de humildade, o sentimento de que houve *hansei*, a visão de que um desafio foi estabelecido, e a garantia de que o processo de melhoria está em andamento. Alguns anos atrás, Fujio Cho, presidente da Toyota, participava de uma reunião anual da indústria automobilística em Traverse City, Michigan. Os CEOs dos maiores fabricantes mundiais de automóveis faziam palestras individuais. Nelas, exaltavam o progresso de suas empresas, a qualidade de seus produtos, etc. e tal – tudo que todos já estavam cansados de ouvir. Então chegou a vez de Cho palestrar. E ele começou dizendo: "Vemos as coisas de maneira diferente na Toyota. Nosso sentimento de crise deriva do temor de não estarmos nos atualizando". Não consigo imaginar um CEO não *lean* dizendo algo parecido, pois eles sentem sempre a urgência de bater no peito em público, de que suas equipes ficariam desmotivadas se falassem das deficiências do próprio trabalho. Cho, no entanto, falava para o mundo, e principalmente para sua própria equipe, sobre a necessidade de acelerar a melhoria, e não escondia a preocupação com a possibilidade de perder o ímpeto no mesmo momento em que a capitalização de seu conglomerado no mercado de ações era praticamente a mesma de todas as demais indústrias do setor juntas.

Fale honestamente e com profundo respeito

Um valor muito importante na cultura *lean* é o de falar com integridade, mesmo quando isso possa causar sofrimento. Manter um profundo respeito é igualmente importante. A questão é que, como supervisor, você precisa ser capaz de avaliar honestamente os pontos fortes e fracos dos integrantes de suas equipes, e então, o que é mais difícil, revisar examinar suas deficiências de maneira tal que demonstre respeito para com os indivíduos e ajude cada um deles a aceitar o exame das deficiências como algo positivo. Falando parece simples, mas a verdade é que se trata de algo extremamente difícil de fazer.

Procure sempre ver e ouvir para aprender (*Genchi Gembutsu*)

A Toyota está sempre de olho em algum trabalho novo para ver o que está acontecendo. O objetivo é entender qualquer tipo de problema. Na Toyota, acredita-se que relatórios e reuniões fora do local de trabalho em questão sempre levam a suposições e conclusões incorretas. A expressão *genchi gembutsu* significa, literalmente, "a coisa real, no lugar real".

Existem histórias sobre jovens "gênios" universitários recém-formados que são contratados pela Toyota e passam seu primeiro dia dentro do "círculo de Ohno". Trata-se de um pequeno círculo de giz traçado no chão da fábrica, onde eles devem ficar o dia todo – sem receber qualquer instrução sobre o que fazer. O novo contratado, contudo, ficará observando o trabalho realizado no local, e, se for realmente bom, perceberá alguma coisa que não parece fazer sentido ou que não é eficiente. Ao fim do dia, Ohno lhe perguntará sobre suas impressões e testará sua capacidade de observar o trabalho, no local em que realmente é feito, vendo ou não possibilidades de melhoria. Esse seria o primeiro passo para futuros líderes – desenvolver pessoalmente a capacidade de ver desperdício no trabalho que os cerca. Esse seria, também, o campo de batalha para futuros praticantes do *lean*.

Tal atitude pode ser vista na maneira como Absher descreve a operação da Toyota em Georgetown, no estado de Kentucky, com seus cerca de 7 mil empregados. "Parece que temos 7 mil engenheiros industriais trabalhando aqui. Eles detectam o desperdício, e sabem como eliminá-lo." Esta é a cultura que você deve formar – um ambiente em que seus recursos humanos sejam realmente recursos.

Outro exemplo de entendimento da realidade do local de trabalho pode ser visto nas práticas de desenvolvimento de produtos. Como Yugi Yokaya, engenheiro chefe do projeto da minivan Sienna, destacou: "Preciso dirigir em todos os estados e províncias da América do Norte para saber na prática como é que as pessoas usam minivans". A coisa real, no lugar real.

Enfrente desafios que façam sentido

Predomina na Toyota uma forte convicção de que as pessoas chegam ao pico de sua capacidade e produzem seus melhores resultados quando enfrentam um desafio que faça sentido. Essa referência a "desafios" está presente em toda a prática gerencial da Toyota. A ideia é a de que todo desafio que faça sentido é capaz de motivar uma equipe a atingir um resultado desafiador. Precisa ser um objetivo que possa ser alcançado, mas também que não seja facilmente alcançável. Como Teriyuki Minoura, presidente da Toyota Motor Manufacturing North America (TMMNA), destacou: "Uma característica básica dos seres humanos é o fato de que desenvolvem criatividade quando estão sob pressão". Ou, na descrição de Absher: "Estabelecemos metas realmente elevadas, e então tentamos, como loucos, atingi-las. Quando não chegamos a uma meta, o primeiro passo é analisar como chegamos tão perto. Há alguma coisa que possamos fazer para dar outro passo rumo ao objetivo?".

Seu supervisor de manutenção pensa dessa forma? Será que existe *alguém* em sua organização pensando dessa forma? Tenha sempre em mente que você forja diamantes (no caso, grandes líderes) a partir do carvão (material intermediário) pelo método de colocá-lo sob intenso calor e pressão.

Outro exemplo nos é dado por um desafio que o atual CEO Katsuaki Watanabe lançou para todos na Toyota (e que estou parafraseando): "Precisamos projetar um carro que possa atravessar o mundo inteiro com um tanque apenas de combustível, que venha a purificar o ar enquanto está funcionando, e que jamais venha a ferir um passageiro ou um pedestre". Trata-se de um desafio destinado a estender a criatividade da Toyota e das organizações que a compõem. Ao estender sua criatividade, a Toyota espera conquistas revolucionárias no *projeto* automotivo. O mais provável é que tal meta não seja completamente atingida, mas o desafio resultará em soluções que ninguém havia imaginado ainda – foi a Toyota que definiu o Norte Verdadeiro para o *projeto* de automóveis – e possibilitará, algum dia, que esse e outros problemas possam ser resolvidos. Mesmo os mais experientes líderes empresariais muitas vezes têm receio de fazer desafios assim, mas a verdade é que isso constitui uma das mais consistentes fontes de inspiração no trabalho.

Seja um consultor e um modelo a ser seguido

A essência da cultura Toyota talvez possa ser resumida na seguinte frase: "Formamos pessoas antes de construir carros". A Toyota leva isso ao pé da letra. A primeira função de quem quer que seja em qualquer nível de supervisão é "formar pessoas". E a chave para formar pessoas é ser um consultor dedicado. Como a formação de pessoas é a principal função na Toyota, a capacidade de ser consultor é levada extremamente a sério. Um aspecto interessante é a maneira pela qual se avalia a função do consultor. Gerentes não *lean* empregam muito tempo para impressionar seus chefes – elaboram belas apresentações para mostrar como são eficientes e desenvolvem um trabalho e tanto. Naturalmente, isso tudo é *muda* (desperdício)! Uma abordagem básica na Toyota é a de que ser consultor é uma espécie de dom; você não consegue ser promovido enquanto não tiver demonstrado ser um consultor de respeito. E a *única* maneira de demonstrar tal capacidade é com um resultado – o crescimento pessoal dos integrantes da sua equipe, aqueles mesmos que o tiveram como consultor. Você não demonstra isso *falando* sobre como é capaz nessa função. Na verdade, precisa ficar em silêncio e deixar que seus pupilos falem por você, ao demonstrarem tudo que aprenderam, comprovarem os desafios que enfrentaram e apresentarem as melhorias que conseguiram.

Pense por um minuto. Quão poderoso e transformador seria ter uma cultura em que a única maneira de parecer bom estivesse na comprovação do sucesso daqueles que foram seus pupilos? É difícil imaginar o impacto cultural dessa atitude de liderança isolada.

O PLANO DE AÇÃO

Uma das dificuldades enfrentadas pela maioria das empresas na tentativa de implantar uma visão *lean* consiste na necessidade de partir do ponto em que se está, com as culturas em vigor. E a verdade é que algumas atitudes do tipo "aqui estamos" podem tornar ainda mais difícil a possibilidade de algum dia se chegar lá.

Quando se olha para trás, pode-se constatar que nos primeiros dias da formação de uma cultura *lean* e de um sistema de gestão *lean*, em geral, não era fácil convencer as pessoas a participar da missão – elas precisavam de "fortes incentivos" para dar início à jornada. Ohno constatou, a certa altura, que somente uma liderança gerencial muito forte conseguiria levar a organização para o novo caminho. Foi quando disse: "Utilizei minha autoridade ao extremo".[1] Partindo de Ohno, isso só poderia significar que ele não permitiria outra alternativa que não fosse aceitar e cumprir a nova abordagem. Este é um dilema para muitos líderes em início de jornada, porque queremos o consenso e trabalhar em equipe. O problema consiste em que muitas equipes não estarão dispostas a aceitar os princípios *lean* só de ouvir falar a seu respeito. Noventa e nove por cento de sua organização não começarão esta jornada baseados somente em conversas; os integrantes da equipe precisarão contar com alguma experiência pessoal a fim de dar início à sua própria jornada de aprendizado *lean*. Eles precisam praticar os princípios, e talvez precisem ser "fortemente incentivados" a obter a experiência pessoal que os levará a uma nova visão sobre como as organizações podem chegar a trabalhar com eficiência. Nenhum dos integrantes da equipe acredita de saída nos princípios fundamentais do *lean*. Geralmente, serão necessários uns cinco anos de prática concreta antes que comecem a crer nos princípios fundamentais e a praticá-los em seu gerenciamento diário.

Certamente você encontrará *anticorpos* no caminho, pessoas que tentarão sabotar o seu esforço para transformar a cultura existente (ver Capítulo 6).

Transferindo experiência pessoal à sua equipe de líderes

Você precisará *exigir* um certo nível de envolvimento daqueles que irão iniciar a jornada no novo aprendizado. E isso você fará utilizando suas experiências pessoais como exemplo. O melhor lugar para começar é com a sua equipe de líderes.

Quando iniciei o programa de transformação *lean* na HON/HNI, determinei que cada gerente de unidade geral de negócios passasse por no mínimo 12 semanas de experiências, em tempo integral, em eventos *lean* em seu primeiro ano na função, como condição para continuar no cargo. Quando começamos, a maioria deles entendia que aquilo era loucura. Mas o programa de imersão de executivos na Danaher, por exemplo, hoje determina 13 semanas de experiência e aprendizado em tempo integral sobre o Danaher Business System (DBS) para os presidentes e subordinados diretos de cada unidade de negócios da empresa. Esse nível de experiência é o único modelo comprovado para alinhamento da liderança sênior.

Atualmente, na HON/HNI, um processo similar de imersão de lideranças está em vigor. Aqueles não familiarizados com as funções gerenciais na HON/HNI (sejam pessoas contratadas ou promovidas internamente) precisam passar por um conjunto estruturado de eventos *kaizen* de semana inteira em seu primeiro ano. Depois, por mais duas experiências semelhantes a cada ano, como condição para permanecer no programa de gratificações.

As pessoas mudam à medida que acumulam as primeiras experiências *kaizen*. Um estudo constatou que as atitudes das pessoas na organização melhoravam significativamente com cada experiência *kaizen* adicional, continuando nessa ascensão até atingir o equilíbrio em um nível muito alto depois da realização de oito eventos. A experiência tem demonstrado que o resultado de aprender a identificar o desperdício – pessoalmente –, e então dar-se conta de todo o desperdício adicional que poderia ser removido no decorrer de uma semana, é motivadora. A experiência pessoal em *kaizen* é a pedra fundamental mais significativa de uma transformação *lean* bem-sucedida. Ao mesmo tempo, é difícil fazer a gerência sênior se conscientizar de que isso é algo essencial.

Quando você já estiver com um programa para a liderança sênior em andamento, tente aumentar o alcance e a profundidade de seus fundamentos. O alcance surgirá com eventos de experiência ao longo de alguns anos para cada integrante da sua organização. É assim que eles chegam ao ponto a que se referia Absher: aquele em que todos os integrantes da organização agem como se fossem engenheiros industriais.

Geralmente são necessários apenas dois eventos para que os membros da equipe comecem a acreditar que essa "coisa do *lean*" pode ser uma boa ideia; de três a sete para que se desenvolva um comprometimento pessoal com a filosofia *lean*, e oito ou mais para impulsionar a crença a um patamar realmente elevado. Conduzir todo o pessoal até essa curva pode ser tarefa para cerca de dez anos; por isso, é importante ter em mente que esse comprometimento e avanço na capacidade de resolver problemas está crescendo firmemente à medida que cada um dos componentes acumula eventos em toda a organização.

Melhorias diárias

Outra abordagem fundamental para implantar a cultura *lean* é a chamada *melhoria diária* (a prática da solução diária de problemas, na causa-raiz, por todos os colaboradores da organização). Não gosto de discutir esse ponto abertamente, porque, quando a maioria dos CEOs ouve alguma coisa a respeito, imediatamente concluem de que esse pode ser um atalho para a obtenção de resultados *lean*. A ideia que alguns CEOs têm quando tomam conhecimento desta abordagem é a de que tudo que realmente precisam fazer é um pouco de treinamento em análise e solução de problemas na organização, para então simplesmente pedir a todos que consigam melhorias diárias. Mas, a essa altura, você já é capaz de se dar conta de que algo tão desafiador não pode ser alcançado com tanta facilidade. Na verdade, a realização de melhorias diárias é o resultado da transformação, e não um passo inicial.

Normalmente, é melhor se concentrar na realização de melhorias diárias depois de investir cerca de dois anos em treinamento básico *lean* e prática por meio de eventos *kaizen*. Contudo, as melhorias diárias, como muitas das práticas Toyota, têm mais de um objetivo e resultado. A melhoria diária é uma abordagem para levar adiante suas métricas do Norte Verdadeiro, mas é também uma abordagem bem-sucedida para acelerar a implantação (construção de cultura) do método *lean* em toda a organização.

Por exemplo, na ThedaCare, depois de muitos anos de realização de eventos *kaizen*, a gerência registrou bons resultados de melhoria e mais pessoas entusiasmadas com as perspectivas que para elas se abriam. Mas nem todos – talvez nem mesmo a maioria – na organização tinham o mesmo sentimento. Embora a ThedaCare tivesse amplos quadros que haviam desenvolvido grande capacidade de análise e solução de problemas por meio da acumulação de experiência em eventos, ela viu-se na contingência de ter de envolver a todos na melhoria. A solução para tanto foi agregar um esforço focado em melhoria diária que envolveria obrigatoriamente 100% dos membros da organização.

A abordagem incluía quatro focos fundamentais:

- Um programa *lean* de ensino, de um dia, para todos os membros da organização
- O estabelecimento de quadros visuais de gerenciamento apontando anormalidades em todas as áreas da organização
- A implantação do 5S em cada área da organização
- A institucionalização de um processo diário de melhoria baseado em problemas que eram destacados no sistema visual de gerenciamento e o uso de habilidades básicas de solução de problemas do dia geral de treinamento para encaminhar esses problemas

De maneira similar, na HON/HNI instituímos um sistema de melhoria modelo *Teian* (ver Introdução), formatado com base nas práticas Toyota, no nosso quarto ano de jornada *lean*. Isso teve o impacto de ampliar a aceitação e, paralelamente, construir solução diária de problemas e melhoria diária com bases generalizadas.

Desafiando sua equipe a adquirir conhecimento

Aprofundar-se no conhecimento é tão importante quanto dominá-lo, e você pode obter um bom nível de aprofundamento rapidamente. Aqueles que adquirem bastante conhecimento prático normalmente conseguem realizar cerca de um evento por mês e elevar suas capacidades de melhoria a um alto patamar em aproximadamente três anos, trazendo outros consigo nesse processo. Em cinco a seis anos de semelhante ritmo mensal de aprendizado, esses indivíduos conseguirão não apenas refinar seu conhecimento das ferramentas e práticas, como também situar-se em um ponto em que passarão a acreditar nos princípios e a colocá-los em prática todos os dias.

À medida que esse aprendizado vai se concretizando, você precisa aplicar as ideias do desafio e da disciplina. É necessário desafiar sua organização, e especialmente os seus líderes, a atingir índices anuais de dois dígitos de melhoria nas quatro áreas métricas do Norte Verdadeiro, concentrando-se ao mesmo tempo em cuidar para que esses quatro motivadores centrais estejam realmente fluindo para os demonstrativos financeiros e alinhando-se com os objetivos estratégicos. Adequadamente aplicado, o desafio de significativos ganhos nas métricas do Norte Verdadeiro e a disciplina para atingir resultados ao longo do processo passarão a orientar a atividade de melhoria *lean*. Tenha sempre em mente que existe uma profunda sinergia entre as expectativas substanciais para melhoria e a atividade da melhoria. O sucesso exige tanto atividade quanto expectativas para que existam resultados e conquistas. E você irá descobrir que superar esses desafios é algo que forma o seu pessoal. Pense na cultura geral e nos hábitos e valores que você deseja formar com seus colaboradores.

Como exemplo, uma das diretorias das quais participo é a de uma empresa privada chamada Watlow. Depois de entrar em choque com as questões inerentes à iniciação em um caminho *lean*, a Watlow empreendeu um programa para formalizar o Watlow Way, sua versão do Modelo Toyota, em conjunto com seu *sensei* da Simpler Consulting. A Watlow trabalhou em uma gestão visual, modelo Toyota. Agora, empenha-se em alinhar todos os hábitos e atitudes dos colaboradores com aqueles que identificou como sendo os ideais do Modelo Watlow. Essa é uma jornada que todos precisamos começar – e que jamais terá um ponto final.

A **Figura 7.2** mostra um modelo do esboço do Modelo Watlow.

Poucos anos atrás, a Toyota realizou uma *hansei* (reflexão profunda) para avaliar em que ponto se encontrava em sua jornada para construir o Modelo Toyota em suas unidades de negócio e suas filiais na América do Norte. Dentre as inúmeras lições de grande interesse que a *hansei* produziu, duas, em especial, se destacaram:

- Foram usadas a prioridade do aprendizado direto, a abordagem socrática do ensinar/conduzir (ensinar por meio de questionamento consciente) e

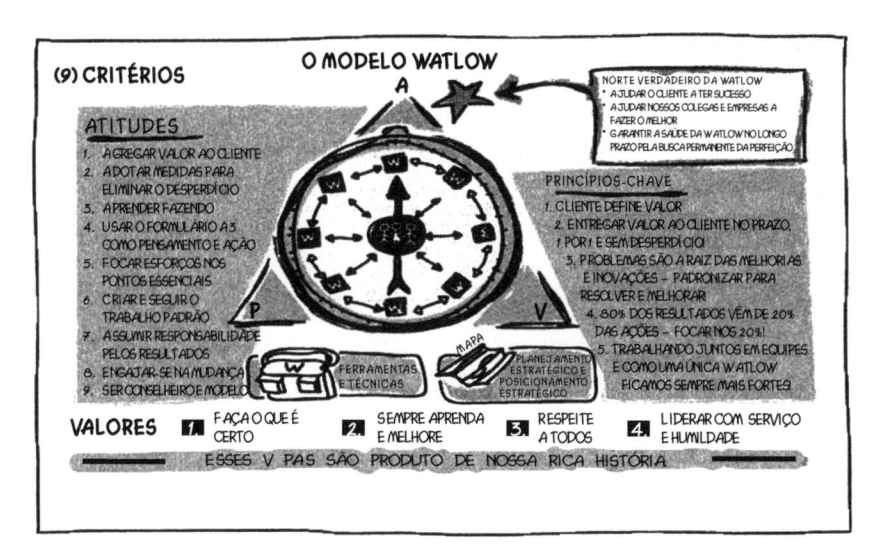

FIGURA 7.2
O *Modelo* Watlow.

a estrutura do evento *jishukin* de uma semana como modelo de aprendizado e implantação.
- Ao resumir os resultados da *hansei*, a Toyota questionou: "Qual o obstáculo mais comum para o Modelo Toyota na América do Norte?". A resposta: falta de envolvimento pessoal.

RESUMO

Construir uma cultura de aprendizado de longo prazo é a parte mais difícil de qualquer jornada *lean*, mas é também a parte mais poderosa e compensadora em termos pessoais. Como Kosuke Ikebuchi, da Toyota, afirmou: "Os ocidentais dão ênfase exagerada a ferramentas e tecnologias, mas não reservam a devida atenção para a filosofia e atitudes das lideranças". Construir essa cultura de aprendizado *lean* pode – e deve – ser o seu legado à organização.

Existem inúmeras definições do que é ser líder na Toyota. Todas muito focadas e parecendo simples demais à primeira vista. Mas, depois de algum tempo e reflexão, você percebe o quanto são profundas. De todas, a minha preferida é:

Um líder na Toyota deve:

- Ter vontade de liderar, pois a verdadeira liderança é trabalho duro.
- Ter capacidade de liderança, definida como a habilidade de obter resultados por meio dos outros.
- Ter comprovadas vontade e habilidade como consultor.
- Possuir uma motivação pessoal para buscar a perfeição (*kaizen*) por meio do Sistema Toyota de Produção.

NOTA DO AUTOR

Gostaria de agradecer à equipe da Simpler Consulting que trabalhou comigo para juntar experiência e observações e formular os atributos culturais destacados neste capítulo. O resultado para a Simpler é o que ela chama de sua "árvore" – um modelo da cultura a que ela aspira. (Ver **Figura 7.3**.)

Construindo uma cultura *lean* **155**

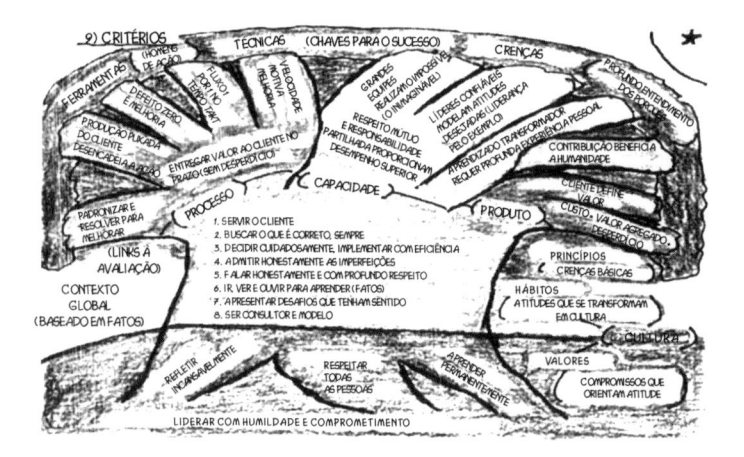

FIGURA 7.3
Árvore da simpler consulting.

NOTA

1. Taiichi Ohno, "Evolution of the Toyota Production System" (trabalho não publicado).

ÍNDICE

A

À prova de erros, 25-26, 29-30
A3, pensamento, 145-146
A3, solução de problemas, 22-24, 145-146
Ação, plano de, 149-150
    desafiando a equipe a adquirir
        conhecimento, 152-154
    melhorias diárias, 151-153
    transferindo experiência pessoal à sua
        equipe de líderes, 149-151
Acidentes, índice de, redução, 55-56
    na HON, 113
    pela regra dos 5X, 98-99
Acompanhamento, reuniões de, 134
Adesão, 151-152
    construindo a, 82-83
    e participação em eventos, 84
    pelos anticorpos, 137-138
Administrativa, produtividade, na Watlow
    Electric, 99-100, 102
Administrativas, equipes, 122-126
    reportando-se ao escritório do supervisor,
        123-124
Administrativo(os)
    custos, e métricas do Norte Verdadeiro, 84
    evento padrão de trabalho, 128-129
    funcionários
        aversão à avaliação, 70
        resistência aos indicadores de desempe-
            nho de produtividade, 81-82, 123-124
    processos, índices de crescimento de
        produtividade negativos, 90-91
    trabalho, estilo em lote de, 122
Análise do fluxo de valor da transformação
    (AFVT), 19-21, 129-130
Análise do fluxo de valor no estado atual, 88-90
Andon, cordas, 26-27
Andons, 26-28
    exemplo do quadro de controle eletrônico,
        27-28
Anticorpos, 135-139
Aprendizado
    amor pelo, 120-121, 142
    como desperdício, 141
    contínuo, 54-55
    organizacional, 62-63
    primazia da prática, 153-154
Área modelo, 103-104
Ariens Outdoor Power Equipment, 56-59
Arrogância, 145-146. *Ver também* Doença das
    Grandes Empresas
    e eventual desastre corporativo, 58
Assistência à saúde, fluxos de valor na,
    103-104
Assistência à saúde, indústria da
    como oportunidade de crescimento mais
        rápido para a cultura *lean*, 78-79
    expansão do *lean* na, 17-18
    fluxos de valor na, 88-89
    kanban de farmácia, 31-32
    redução na permanência por paciente,
        105-106
    ThedaCare, processo de assistência
        colaborativa, 33-35
Assistentes, líderes, de equipes, 116
Association for Manufacturing Excellence
    (AME), 56-59 (Associação para a
    Excelência na Manufatura)
Atendimento colaborativo, fluxo de valor do,
    104-105

Ativa, honestidade, 144-145
Autocontroles, 27-28
Autonomous Study Group, ix, 50 (Grupo de Estudos Autônomo)

B

Baird Capital Partners, 56-59
Base da raiz, solução de problemas na, 60, 62
Benchmarking, 68
　classe mundial, 69
Berkshire Hathaway
　Danaher, superioridade sobre, 74-75
　eclipsado pelos registros da Danaher, 56-57
British Royal Navy (Marinha Real Britânica)
　fluxos de valor para, 88-89
　projetos de transformação *lean*, 78-79
Buffet, Warren, 56-57, 74-75

C

Cadeias de suprimento, 122
Caixa, previsão do fluxo de, 65
Capacidade de trabalho em equipe, 142-143
Capital de giro
　crescimento sem agregação, 114
　e métricas do Norte Verdadeiro, 84
Capital imobilizado
　crescimento sem acréscimo, 114
　e as métricas do Norte Verdadeiro, 113-114
Catchball (harmonização de metas), 20-22
Causa de insucesso do evento principal, 117-118
Causa-raiz, cultura de solução de problemas de, 62-63, 106-107, 118, 144-145
Causa-raiz, soluções de, para questões diárias de qualidade, 23-24
Chicago Pneumatic Corporation, 53-54
Cho, Fujio, 39-40
5S, 41-43
　na ThedaCare, 151-152
Cliente(s)
　como a ponta do *iceberg*, 75-76
　como membros das equipes de melhorias, 117
　e oportunidades de assistência à saúde, 78-79
　frequentes *versus* novos, 75-76
　índices de reclamações dos, 50, 52-53
　necessidades, traduzidas em requisitos de produtos e serviços, 44-45
　reduzindo na HON, 55-56, 113
　satisfação do, e a ROI, 74-75
　serviço ao, 144-145
Combate a incêndio, abordagem do e crescimento negativo da produtividade, 90-91
　versus cultura *lean*, 62-63
Complacência, e o insucesso corporativo, 67
Componentes (peças) de caminhão, 51
Compras externas, 79-80
Comunicação direta (face a face), 46-48
Comunicação, 131-132
　estratégia de implantação como, 132-135
　simulação *lean* como, 132-133
Comunicação, habilidades em, 120-121, 142-143
Conceito da sala de controle do projeto de transformação, 131-132
Conhecimento técnico, na equipe de melhoria, 121-122
Consolidação, 139-140
Construção do conhecimento, 152-154
　profundidade × alcance, 152-153
Consultor, a prática do, 148-149
Corporativa, avaliação e revisão, 18-19
Corporativas, transformações, 49-50. *Ver também Lean*, transformação
Corporativo, insucesso, e a doença das grandes empresas, 67
Corretiva, ação, 135
Crescimento
　e reação positiva dos fornecedores, 76-77
　sem agregar espaço físico, 113-114
　sem agregar pessoal, 80-81
Crescimento, motivadores do, nas métricas do Norte Verdadeiro, 78-79
Criatividade, desenvolvimento por meio da pressão, 147-148
Cultura, definição de, 142-143
Cultura, mudança
　função do gerenciamento sênior, 129-130
　função dos anticorpos na, 136-137
　impacto dos eventos *kaizen* na, 109-111
　por meio de eventos *kaizen* de uma semana, 108-109
　resistência à, 136-137
　resistência no ano 50, 139-140
Custo das vendas, e as métricas do Norte Verdadeiro, 84

D

Danaher Business System (DBS), 54-55, 73-74, 140, 150-151
  Programa de Treinamento de Lideranças, 128-129
Danaher Corporation, 49-50, 113, 58-59
  eventos *kaizen* na, 107-108
  práticas de imersão, 128-129, 150-151
  redução dos *lead times* (tempo de atravessamento), 73-74
  similaridades com as práticas de gestão da Toyota, 128
  transformação *lean* na, 52-56
Decida com cuidado, implante com agilidade, 144-146
Decisões, primeiras, 43-44
Deere & Company, 49-51, 65
Defeito zero, 67
Defeito, produção, como desperdício, 59-60
Defeitos, índices de, 52-53
Delegando × gerenciamento na prática, 60, 62
Deming, W. Edwards, ix
Demora no lançamento de produtos, 44-45
Desafios
  apresentando os mais significativos, 147-149
  e disciplina, 152-153
Desafios morais, com realocação, 125-126
Desenvolvimento simultâneo de produtos, 44-45
Desperdício no transporte, 59-60
Desperdício, tornando visível, 117
  aprendendo a ver, 60, 62, 90-92, 116
  em operações de lotes, 122
  em processos de trabalho administrativo, 122
  ensinando os líderes a enxergar, 128
  identificar e eliminar, 58-60, 62
  natureza transformadora do aprender a ver, 150-151
  níveis de lotes, 123-124
  papel do trabalho padrão na descoberta/eliminação, 38-39
  sete tipos de, 59-60, 62
  tornando visível, 27-28, 36-37, 98-99
Detroit, incapacidade de admirar as práticas automotivas japonesas, 51
Diagramas de causa e efeito, 24-25
Diárias, melhorias, 151-153
Diárias, questões de qualidade, encontrando soluções de causa-raiz, 23-24

Diário, carga de trabalho por operador pós-*kaizen*, 38-39
  ruim × bom, 36-37
Disciplina, e o processo 5S, 41-42
Dispersão, diagramas de, 24-25
Dívida, redução da, e métricas do Norte Verdadeiro, 84-85
Doença das grandes empresas, 58, 67
Dois pilares, conceito dos, 58-59

E

Empregados com baixo rendimento (*low performers*), dificuldades para a realocação, 124-125
Empregados, critérios de seleção de, 120-121
Engenheiros, coordenação com necessidades dos clientes, 45-46
Entrega
  indicadores de desempenho da, 73-74
  melhoria na, 67, 76-79
  no prazo, 54-55
Equilíbrio do trabalho, evitando, 36-37
Equipe(s)
  capacidade de trabalhar bem em, 120-121
  de fluxo de valor, 135
  de implantação, 128-132
  multifuncionais, 40-41
Ergonômico, *kaizen*, 42-43
Erros, redução de, 55-56
  por meio da regra dos 5X, 98-99
Espaço físico, crescer sem aumentar, 113-114
Espera, tempo de, 59-60
Estado futuro, fluxos de valor de, 91-94
  metas de melhoria, 93-94, 96
  plano de trabalho e responsabilidades
  ThedaCare, exemplo da, 94, 96
Estoque(s)
  como desperdício, 59-60
  fluxos de, 50
  investimento em, 52-53
  redução de, na Danaher, 54-55
Estratégia, posicionamento de, 20-23, 131-132, 134
  como comunicação, 132-135
Estratégicas, práticas organizacionais, 127
  comunicação, 131-135
  enfrentando os anticorpos, 135-139
  equipe de implantação, 128-132
  gestão, 127-128
  imersão, 128-129

lean ano a ano, 138-140
Ethos da modéstia, na Toyota, 58
eventos *Jishukin*
   carga de trabalho diária por operador depois de, 38-39
   como experiência de aprendizado, 107-108
   de semana inteira, 108-109
   e ritmo de melhoria, 112
   ergonômico, 42-43
   foco no cliente dos, 144-145
   força dos eventos de semana inteira, 105-111
   impacto cultural dos, 108-109
   impactos de melhoria dos, 93-94
   importância da participação em tempo integral dos executivos, 116
   na Danaher Corporation, 107-108, 128-129
   na FNOK Ligonier, 99-100, 102, 114
   na ThedaCare, 104-105
   no Red River Army Depot, 99-100
   para novos gerentes HON, 128
   requerimentos para a liderança, 150-151
Eventos *kaizen* de uma semana, 54-55
Eventos, participação em, 40-41
   como chave para o sucesso da AFV, 109, 111
   como indicadores de desempenho centrais no desenvolvimento humano, 82-84
   impacto sobre mudança cultural e de atitude, 109, 111
Excesso de processamento, 59-60
Executiva, ferramentas da liderança, 19-20
   A3, 22-24
   análise da transformação do fluxo de valor, 19-21
   estratégia de implantação, 20-23
Executivo, pessoal
   como membros opcionais da equipe de melhoria, 116
   importância da participação em tempo integral, 116

F

Fábricas focadas, 54-55
Farmácia *kanban*, 31-32
Fatia de mercado, correlações com ROI, 74-76
Ferramentas
   da cúpula executiva, 19-24
   relacionadas a custo e produtividade, 34-41
   relacionadas ao desenvolvimento humano, 40-44
   relacionadas ao fluxo e *lead time*, 29-35
   relacionadas a qualidade, 23-30
   relacionadas ao desenvolvimento de novos produtos, 43-48
   trabalho padrão, 34-41
Ferramentas, relação com custos, trabalho padrão, 34-41
Financeiros, custos, e as métricas do Norte Verdadeiro, 84
Financeiros, indicadores de desempenho, 65-66
   dependência excessiva de, 74-75
   ligação com as métricas do Norte Verdadeiro, 84-86
Fishbone, diagramas, 24-25
Fluxo de valor
   como produto ou serviço, 88-89
   critérios para seleção de importantes, 129-130
   definidos, 88-89
   demonstrando visualmente, 96, 98
   erro de processo informatizado, 96, 98
   estado futuro, 91-96, 98
   estado ideal, 91-93
   mapa vertical, 104-105
   melhorando por meio de eventos *kaizen*, 106-107
   redesenhando e implantando processos específicos em, 106-107
   toll gates, 105-106
Fluxo de valor do estado ideal, 91-93
Fluxo de valor modelo, 103-106, 130-131
Fluxo unitário de peças, 91-92
Fluxo, construção do, 39-40
Fluxo, ferramentas relacionadas ao, 29-31
   2P, 33-34
   3P, 32-34
   kanban, 31-33
   tempos de *setup*, 30-32
Fluxo, melhorias, 67, 78-79
   nas empresas japonesas, 52-53
FNOK Ligonier, 99-100, 102
   reversão da lei da redução dos rendimentos, 102-103
   ritmo anual de eventos, 114

Forçada, inovação, 44-45
Ford, Henry, ix, 58-59, 98-99
Ford, sistema de linha de montagem, 30-31
Formação de pessoas, 148-149
Fornecedores reagentes, 76-77
Fornecedores, importância da reatividade dos, 76-77

G

Gemba (local de trabalho), 96, 98
Genchi gembutsu, 146-147
Gestão, entendendo a, 127-128
Gráficos de controle, 24-25
Gráficos de fluxo, 24-25
Grandes realizadores, vantagens da realocação de pessoal, 124-126

H

Hansei (reflexão aprofundada), 82-83, 145-146, 153-154
Heatilator, unidade de negócios, 84-85
Histogramas, 24-25
HMS *Illustrious*, 78-79
HNI Corporation, 49-50, 55-56, 84-85, 113
HON Company, 77-78, 84-85, 113, 58-59
    Evento de AFV para novos gerentes, 128-129
    recursos reservados ao *lean*, 119
    roteiros de aprendizagem, 125-126
    transformação *lean* na, 55-57
    treinamento *kaizen* de novos gerentes, 128
Horizontal, expansão, 26-27
Hoshin kanri, 20-21, 132-133
Humano, desenvolvimento, 67, 68
    como fundamento principal da empresa *lean*, 40-41
    indicador de desempenho de participação em eventos, 82-84
    insucesso da abordagem nas AFV, 90-91
    melhoria pela análise do trabalho padrão, 39-40
    nas métricas do Norte Verdadeiro, 81-84
    ritmo anual de melhoria no, 113
Humano, desenvolvimento, ferramentas relacionadas ao, 40-41
5S/6S, 30-43

kaizen ergonômico, 47-48
Participação em eventos, 40-41
sistema *Teian*, 42-44
Humildade, na raiz da melhoria, 145-146

I

Imersão, 128-129
Implantação de sistema de sugestões, 43-44
Indicadores de desempenho, 65
    benchmarking de classe mundial, 69
    chave, 50
    entrega, 73-74
    financeiro, 65-66
    Norte Verdadeiro, 66-68, 74-84
    participação em eventos, 68-75
    produtividade, 71
    qualidade, 72-73
    ROI, 75-76
    superioridade japonesa, 52-53
    viabilidade das exigências, 68-75
Insucesso, arrogância corporativa na raiz ou, 58
Integridade da coragem, 144-145
Integridade, na cultura Toyota, 144-145
Internos, custos, produtividade como motor de, 80-81
Iwata, Yoshiki, 39-40

J

Jacobs Business System (JBS), 54-55
Jacobs Vehicle Manufacturing Company. *Ver* Jake Brake, 58-59
    impactos da conversão *lean*, 71
    transformação *lean* na, 52-56
Jidoka, 104-105
Jishukin, eventos, 54-55, 82-84, 105-106, 125-126, 153-154. *Ver também Kaizen*, eventos

K

Kaizen, eventos, 41-42, 72-73, 85-86, 88-89.
    Ver também eventos *Jishukin*
Kaizen, experiência, nos membros das equipes de melhoria, 115
Kaizen, ritmo dos eventos, 115
Kanban, 31-33, 91-92
Kano, análise, 46-47
Koenigsaecker, George, 58-59

L

Lead time, 72-74
  redução de 75%, 76-77
  redução interna, 31-32
  redução na Danaher, 73-74
  redução na HON, 55-56, 113
  ritmo anual de melhoria em, 113
  valor para os clientes, 29-30
Lead time, ferramentas relacionadas ao, 29-35
Lead time, melhoria do, 67, 76-79
Lean
  ano a ano, 138-139
  aprendizado, 49-50, 130-131
    na prática, 128
  aspectos anti-intuitivos, 115
  como estratégia de crescimento, 46-47
  como identificador e eliminador de
      desperdícios, 58-60, 62
  como sistema de identificação e solução de
      problemas, 60, 62-63
  como transformação para uma cultura de
      melhoria contínua, 70
  cultura
    barreiras à entrada, 62-63
    construção, 18-19, 141-142
    desafio da sustentabilidade, 127
    firma de fabricação de lareiras, 85-86
    função das medidas dos empregados
        administrativos na, 70
    função do jishukin na construção, 82-83
    na Toyota, 127
    oportunidades da indústria da assistência
        à saúde, 78-79
    plano de ação para, 149-154
    Toyota, blocos de construção, 143-149
  definições básicas da Toyota, 58-59
  definindo, 58
  dois pilares do, 58-59
  e solução de problemas de causa-raiz, 118
  ferramentas, 82-83
    limitações das, 141
  impactos da conversão
    entrega, 73-74
    produtividade, 71
    qualidade, 72-73
  na indústria da assistência à saúde, 17-18
  no setor público/forças armadas, 17-18
  práticas, 141
  práticas de trabalho, 82-83
  primeiro ano, 138-139
  princípios, 132-133, 141
    dificuldade de aplicação dos, 107-108
  quarto ano, 139-140
  segundo ano, 139-140
  simulação, 132-133
  terceiro ano, 139-140
  transformação, 49-50
    participação em eventos e adesão, 84
    implantação no conjunto da empresa,
        56-57
    natureza iterativa do, 98-99
    aspectos da liderança, 17-18
    exemplo do Red River Army Depot,
        99-100
    na Deere & Company, 49-51
    na Rockwell International, 51-53
    na Jake Brake (Danaher), 52-56
    na HON Company, 55-57
  treinamento, 125-126
    para equipe reservada ao lean, 126
    para liderança sênior, 126
    para todos os empregados, 125-126
  tutores, 18-20
Lei dos retornos decrescentes, reversão da,
    102-103, 112
Liderança
  da transformação lean, 17-18
  importância da experiência pessoal, 149-151
  indiferença ocidental em relação à, 153-155
  insucesso das escolas de administração no
      seu ensino, 140
Líderes de equipes, 116
Lotes, operações, 132-133
  desperdício criado nas, 122
Lotes, produção, e tempos de setup, 30-31
Lucro, definido no contexto do serviço
    ao cliente, 144-145
Lugar de trabalho real, importância de
    entender o, 146-148

M

Mapa do fluxo de valor vertical, 104-105
Mapas de orientação, 24-25
Máquina com projeto adequado às
    características do sistema lean, 32-34
Máquinas de pequena escala, 33-34
Más notícias em primeiro lugar, 144-145
Matsushita, 52-53
Melhores e mais brilhantes, 120-121
Melhoria contínua, 58-59, 142-143

autossustentável, 108-109
como cultura, 70
como desenvolvimento humano, 68
como estratégia de crescimento, 76-77
e a regra dos 5X, 98-99
em áreas administrativas, 112
espiral da filosofia de gerenciamento, 62-63
incorporação no quarto ano, 139-140
por meio das pessoas, 58-59
Melhoria de fluxo de valor, ciclos repetidos de, 96, 98
Melhoria parcial, impossibilidade de, 118
Melhorias
   equipes de, 115-117
   esforços de
      expectativas de, 152-153
      garantindo a continuidade interna dos, 121-122
      metas de, 134
         estabelecendo suficientemente elevadas, 94, 96
         para AFV de estado ideal, 93-94, 96
         plano de trabalho, 96, 98
         planos de, com AFV e eventos *kaizen*, 88-89
Militar, evolução do *lean* no setor, 17-18
Modelo Toyota (*Toyota Way*), 82-83
   obstáculos na América do Norte, 153-154
Movimentação do desperdício, 59-60
Movimento desnecessário, 59-60
Muda (desperdício), 123-124, 141, 148-149.
   Ver também Desperdício
Mudança, agentes da, *versus* anticorpos, 136-137
Mudança, práticas de gerenciamento da, 50, 106-107,
   dificuldades na obtenção da aceitação/adesão, 55-56

N

n/10, a regra do, 112-115, 130-131
Natureza, adaptando ideias de processos da, 32-34
Norte Verdadeiro (*True North*), métricas do, x, 99, 19-20, 66-68, 74-75, 91-92
   custo/produtividade, melhoria do, 79-82
   diagramas de desempenho, 131-132
   entrega/*lead time*/fluxo, melhoria de, 76-79
   desenvolvimento humano, 81-84

e AFV de estado atual, 90-91
e ritmo de melhoria, 112
ligações com indicadores de desempenho financeiros, 84-86
metas de melhoria para, 93-94
motivadores do crescimento no, 78-79
inexistência das áreas administrativas, 123-124
qualidade, melhoria da, 74-77
Novos produtos, ferramentas de desenvolvimento de, 43-44
   análise *kano*, 46-47
   decisões iniciais, 43-44
   desdobramento da função qualidade (QFD), 44-46
   desenvolvimento simultâneo de produtos, 44-45
   inovação forçada, 44-45
   obeya, 46-48
   voz do cliente (VOC), 44-46

O

Obeya, sala da, 47-48
OEMs da indústria automotiva japonesa, 52-53
Ohno, Taiichi, ix, 30-31, 50, 58-59, 135
   e Os Cinco Porquês, 66
   Grupo de Estudos Autônomo, i
Omron, 52-53
Os Cinco Porquês, 23-25, 66, 144-145

P

Palavras + desenho, 23-24
Pareto, diagramas de, 24-25, 90-91
Passos, reduções de, 124-125
Pepitas douradas
   problemas como, 62-63
   reclamações dos clientes como, 75-76
Pessoal, comprometimento, 109, 111
Pessoal, envolvimento
   e melhoria do processo de trabalho, 115
   falta de, nos Estados Unidos, 153-154
Pessoal, transformação, por meio de eventos *kaizen*, 107-108
Pessoas. *Ver também* Respeito pelas pessoas, força do
   melhoria custo/produtividade apartir de, 79-82
   e participação em eventos, 109, 111
PIMS Principles, 74-75

Poka-yoke, 25-27
    aplicação do, na ThedaCare, 104-105
Políticas, posicionamento de, 20-21, 132-133
Práticas de promoção na Toyota, 148-149
Prêmio Shingo, 17-18, 56-57, 99-100, 102-103, 114, 58-59
Problemas, cultura da solução de, 72-73
    construção, 54-55
Problemas, espiral da solução de, 62-63
Problemas, identificação de, 120-121, 131-132
    lean e a, 60, 62-63
Problemas, solução de, 120-121, 142
    desenvolvendo aceitação do desenvolvimento de, 43-44
    transformação *lean* como, 60, 62-63
    usando *andons*, 26-28
Processo(s)
    centrais, foco japonês nas melhorias, 70
    fluxo de, diagramas de, 24-25
    melhoria da qualidade do, 39-40
    melhoria, ritmo da, 18-19
    monumentais, 91-92
    tecnologias de, inventando novas, 33-34
Produção Just-in-time (JIT), 50
Produtividade
    como central para melhoria das margens, 81-82
    como o principal motivador financeiro, 66
    como *output* por *input*, 80-81
    como principal motivador de custos internos, 80-81
    e passos de agregação de valor, 68
    e vantagem competitiva a longo prazo, 80-81
    nas empresas filiais da Toyota, 69-70
Produtividade, ganhos de, 67
    da análise do trabalho padrão, 39-40
    da implantação dos 5S, 42-43
    das pessoas, 79-82
    de compras externas, 79-80
    do *kaizen* ergonômico, 42-43
    duplo dígito, 68
    e redesenho do trabalho do dia a dia, 81-82
    metas da HON, 55-56
    na Danaher, 54-55
    na HON, 113
    na Yanmar Diesel, 50
    nas métricas do Norte Verdadeiro, 79-82
    pelo Red River Depot do Exército dos Estados Unidos, 99-100
    por meio de processos administrativos, 124-125
    resultado sobre custos de implantação em decorrência de, 63-64
Produtividade, indicadores de desempenho de, 71
Produtividade, objetivo, 53-54
Produtividade, trabalho padrão com ferramentas relacionas à, 34-41
Produtos, práticas de desenvolvimento de, 147-148
Produtos, projeto de, *poka-yoke*, 26-27, 29-30
Profundidade do conhecimento

Q

Qualidade
    e ROI, 74-75
    insucesso de avaliação nas AFV, 90-91
    melhorias anuais em, 113
Qualidade
    controles de, 27-30
    ferramentas relacionadas à, 23-24
    andons, 26-28
    Cinco Porquês (*Five Whys*), 23-25
    controles de qualidade, 29-30
    poka-yoke, 25-27
    TQM, sete ferramentas básicas do, 24-26
    função de desdobramento da (QFD), 44-46
    indicadores de desempenho de, 72-73
    melhoria, 67, 74-77
    na Danaher, 54-55
Questões de qualidade pura, 24-25

R

Rales, Steve e Mitch, 53-55
Realocação de pessoal, estratégias de, 124-126
Recursos *lean* em tempo integral, 130-132
    urgência dos, 118-119
Red River Depot, HMMWV, transformação *lean* do, 98-100
Regra dos 5X, 96, 98-104
Repetição, importância para a mudança de cultura
Reservados, recursos *lean*, 118-119, 126, 130-131
    treinando para, 126
Respeito pelas pessoas, força do, 58-59
Retorno sobre o investimento (ROI), 84-85
    correlações com fatia de mercado e percepções dos clientes, 74-75

impacto da conversão *lean*, 75-76
pelos ganhos de produtividade, 63-64
Retrabalho, 90-91
   em processos administrativos, 122
   nos processos empresariais atuais, 89-90
Retrocesso, prevenindo, 119
RIE, pesquisa de participação, 110-111
Ritmo da melhoria, 112, 130-131, 136-137
   e população de trabalhadores, 130-131
   longo prazo, 113
   na FNOK, 114
Rockwell International, transformação *lean* na, 51-53
Roteiros de aprendizagem, 125-126

S

Sala de aula, treinamento em estilo de, 125-126
Salão, conceito do, 47-48
Schotanus, Gene, 65
Segurança, 41-42
Seiketsu (padronizar), 41-42
Seiki, Aisin, 68
Seiri (organizar), 41-42
6S, 41-43
Seison (limpar), 41-42
Seiton (separar), 41
Sem agregação de valor, atividades, 59-60
   abandonando, 72-73
   em processos administrativos, 122
   identificando, 61
Sênior, gerenciamento
   apoio real às mudanças, 117
   aprendendo a enxergar o desperdício, 91-92
   como equipe de implantação, 128-130
   resistência a apreciar a experiência pessoal *kaisen*, 150-151
   resistência a novas práticas de aprendizado, 81-82, 129-130
   treinamento *lean* para, 126
Sensei, 54-55
   baseado na Toyota, 53-54
   crescimento interno de, 114, 116, 121-122
   desenvolvimento mediante eventos *kaizen*, 108-109
   equipes de melhoria como fontes do futuro, 119
   importância para a equipe de gerenciamento sênior, 129-130

liderança sênior, *workshops* com fontes externas, 126
   papel na visualização de elevadas metas de melhoria, 94, 96
   valor na transformação *lean*, 59-60
   Ser um modelo, 148-149
Serviços, como fluxos de valor, 88-89
Sete desperdícios, 59-60, 62, 128
Sete desperdícios capitais, 59-60
Sete ferramentas básicas, 24-26
Setup, tempos de, 30-32
Setup, redução do, 53-54
   nas empresas japonesas, 52-53
Shingo, Shigeo, 27-28, 52-53
Shitsuke (sustentar), 41-42
Simpler Consulting, 56-57
   Árvore da, 154-155
Simulação, treinamento mediante exercícios de, 125-126
Single minute exchange of die (SMED) –
   Troca de ferramentas em um dígito, 30-31
Sistema de melhoria orientado para pessoas, 63-64
Sistema Toyota de Produção (TPS), 49-50, 58-59, 140
   pessoas como aspecto fundamental do, 109, 111
Socrática, abordagem, 153-154
Sucessor aparente, como líder da equipe de melhoria, 121-122
Superprodução, 59-60
Supervisores
   função nas equipes de melhorias, 115
   risco de entregar a liderança de equipes aos, 116
Surtos de oportunidades de desperdícios, 91-92

T

Taguchi, *design* de experimentação (DOC), 24-25
Takt, tempo, 36-37
Táticas, práticas organizacionais, 18-19, 112
   diretriz dos 3%, 118-122
   equipes administrativas, 122-125
   evento central, modo de insucesso do, 117-118
   n/10, regra do, 112-115
   outros treinamentos *lean*, 125-126

projetando equipes de melhoria, 115-117
realocação de pessoal, 124-126
Technical Assistance Research Program (TARP), 75-76
Técnicos de escritório, 124-125
Teian, sistema, 31-44
    na HOH/HNI, 152-153
Tempo sem agregação de valor, 67
ThedaCare Center for Healthcare, melhoria, 56-60
    AFV no estado futuro, 94, 96
    AFV no estado ideal, mapa, 93-94
    desenvolvimento da área modelo, 103-104
    fluxo de valor do atendimento colaborativo, 103-105
    fluxo de valor no estado atual, mapa, 89-90
    implantação diária de melhoria, 151-152
    plano de ação, 97
    redução de erros e aumento da capacidade, 88-89
    resultados da implantação, 95
ThedaCare Hospital Group, 33-35
ThedaCare, o exemplo, 97
Timers, uso no posicionamento estratégico, 135
Toll Gates, 43-44
    em fluxo de valor, 105-106
Total Plan of Care, 131-132
Total Quality Management (TQM) – Gestão da Qualidade Total, 24-25
    sete ferramentas básicas, 24-26
Toussaint, John, 103-104
Toyota Business System (TBS), 49-50
    Ohno, seu papel na criação, 50
Toyota Motor Manufacturing North America (TMMNA), 147-148
Toyota, cultura, 143-144
    coisa real, lugar real, 146-147
    consultor e modelo, 148-149
    decida com cuidado, implante com agilidade, 144-146
    propor desafios que façam sentido, 147-149
    recompensa pela integridade, 144-145
    reconhecimento das imperfeições, 145-147
    respeito honesto e profundo, 146-147
    servir ao cliente, 144-145
Toyota, ix
    como definição de *lean*, 58-59
    desempenho de *benchmarking*, 68-69
    dois pilares, conceito dos, 58-59
    ethos da modéstia corporativa, 58
    filosofia dos anticorpos, 136-137
    hansei, evento, 82-83
    investimento na propriedade dos principais fornecedores, 79-80
    modelo de gerenciamento na prática, 60, 62
    modelo de mudança, 137-138
    Norte Verdadeiro, métricas do, 18-19, 66-68
    prática da má notícia em primeiro lugar, 144-145
    práticas de gestão, 127
    práticas promocionais, 148-149
    processos de seleção, 142
    sensei da, 53-55, 94, 96
        na HON Company, 55-56
    temor da complacência, 67
    toll gates, 43-44
    versus outras culturas corporativas, 58-149
Trabalho padrão, 34-42
    análise do, 39-40
    envolvimento pessoal na melhoria do processo de, 115
    folha de combinações do, 38-39
    interrupções por problemas não resolvidos, 117
    práticas de
        AFV de estado atual baseada em reais, 89-91
        determinando as reais, 89-90
Transformador, aprendizado, 150-151
5 1P (processo de preparação da produção), 32-34
3%, diretriz dos, 118-122, 130-131

V

Valor agregado
    passos com, no nível do processo de trabalho, 34-35
    tempo com, 67
    trabalho com, 59-60
Valor, criação de, parando o andamento/fluxo de, 118
Valor, fluxo de, análise de (AFV), 18-20, 88-89, 110-111
    aprendendo a *ver* o desperdício por meio de, 90-92
    brainstorming em, 91-93

Índice **167**

dar uma caminhada para realizar no estado atual, 89-92
e regra dos 5X, 96, 98-104
estado atual e métricas do Norte Verdadeiro, 90-91
fluxo de valor piloto, 103-106
para novos gerentes HON, 128-129
planos de melhoria pela, 88-89
poder dos eventos *kaizen* de uma semana na, 105-111
Valorização das aquisições, 84-85
Vendas, e métricas do Norte Verdadeiro, 84
Vendedores, como membros da equipe de melhoria, 117
Verificações sucessivas, 27-28
Vermeer Manufacturing, 108-109

Visitas ao local de trabalho, 36-37
Voz do cliente (VOC), 44-45
   incorporação pela ThedaCare, 104-106

W

Watanabe, Katsuaki, 147-148
Watlow Electric, 77-79, 99-100, 102
   AFVs de processos de clientes, 99-100, 102
   modelo Watlow, 152-154
   preços, *projeto* e protótipo, 101
Watlow TPOC, 22-23, 56-57

X

Xaloy Incorporated, 56-59

Y

Yanmar Diesel, 50